Tucholsky Wagner Zola Scott Sydow Freud Schlegel
Turgenev Wallace Fonatne
Twain Walther von der Vogelweide Fouqué Friedrich II. von Preußen
Weber Freiligrath Frey
Kant Ernst
Fechner Fichte Weiße Rose von Fallersleben Richthofen Frommel
Hölderlin
Engels Fielding Eichendorff Tacitus Dumas
Fehrs Faber Flaubert
Eliasberg Ebner Eschenbach
Feuerbach Maximilian I. von Habsburg Fock Eliot Zweig
Ewald Vergil
Goethe London
Elisabeth von Österreich
Mendelssohn Balzac Shakespeare Dostojewski Ganghofer
Lichtenberg Rathenau Doyle Gjellerup
Trackl Stevenson
Mommsen Tolstoi Hambruch Droste-Hülshoff
Thoma Lenz Hanrieder
Dach Verne von Arnim Hägele Hauff Humboldt
Reuter Rousseau Hagen Hauptmann Gautier
Karrillon Garschin Baudelaire
Defoe Hebbel
Damaschke Descartes
Hegel Kussmaul Herder
Wolfram von Eschenbach Schopenhauer
Darwin Dickens Rilke George
Bronner Melville Grimm Jerome
Campe Horváth Aristoteles Bebel Proust
Bismarck Vigny Barlach Voltaire Federer Herodot
Gengenbach Heine
Storm Casanova Tersteegen Grillparzer Georgy
Chamberlain Lessing Gilm
Langbein Gryphius
Brentano Lafontaine
Strachwitz Claudius Schiller Kralik Iffland Sokrates
Bellamy Schilling
Katharina II. von Rußland Gerstäcker Raabe Gibbon Tschechow
Löns Hesse Hoffmann Gogol Wilde Vulpius
Gleim
Luther Heym Hofmannsthal Morgenstern
Klee Hölty Goedicke
Roth Heyse Klopstock Kleist
Luxemburg Puschkin Homer Mörike
La Roche Horaz Musil
Machiavelli Kierkegaard Kraft Kraus
Navarra Aurel Musset Moltke
Lamprecht Kind Kirchhoff Hugo
Nestroy Marie de France Laotse Ipsen Liebknecht
Nietzsche Nansen Ringelnatz
Marx Lassalle Gorki Klett Leibniz
von Ossietzky May vom Stein Lawrence Irving
Petalozzi Knigge
Platon Pückler Michelangelo Kafka
Sachs Poe Kock
Liebermann
Korolenko
de Sade Praetorius Mistral Zetkin

La maison d'édition tredition, basée à Hambourg, a publié dans la série **TREDITION CLASSICS** des ouvrages anciens de plus de deux millénaires. Ils étaient pour la plupart épuisés ou uniquement disponible chez les bouquinistes.

La série est destinée à préserver la littérature et à promouvoir la culture. Elle contribue ainsi au fait que plusieurs milliers d'œuvres ne tombent plus dans l'oubli.

La figure symbolique de la série **TREDITION CLASSICS**, est Johannes Gutenberg (1400 - 1468), imprimeur et inventeur de caractères métalliques mobiles et de la presse d'impression.

Avec sa série **TREDITION CLASSICS**, tredition à comme but de mettre à disposition des milliers de classiques de la littérature mondiale dans différentes langues et de les diffuser dans le monde entier. Toutes les œuvres de cette série sont chacune disponibles en format de poche et en édition relié. Pour plus d'informations sur cette série unique de livres et sur l'éditeur tredition, visitez notre site: www.tredition.com

tredition a été créé en 2006 par Sandra Latusseck et Soenke Schulz. Basé à Hambourg, en Allemagne, tredition offre des solutions d'édition aux auteurs ainsi qu'aux maisons d'édition, en combinant à la fois édition et distribution du contenu du livre en imprimé et numérique et ce dans le monde entier. tredition est idéalement positionnée pour permettre aux auteurs et maisons d'édition de créer des livres dans leurs propres domaines et sujets sans prendre de risques de fabrication conventionnelles.

Pour plus d'informations nous vous invitons à visiter notre site: www.tredition.com

Relation du groenland

Isaac de La Peyrère

Mentions légales

Cette œuvre fait partie de la série TREDITION CLASSICS.

Auteur: Isaac de La Peyrère
Conception de couverture: toepferschumann, Berlin (Allemagne)

Editeur: tredition GmbH, Hambourg (Allemagne)
ISBN: 978-3-8491-2603-2

www.tredition.com
www.tredition.de

Toutes les œuvres sont du domaine public en fonction du meilleur de nos connaissances et sont donc plus soumis au droit d'auteur.

L'objectif de TREDITIONS CLASSICS est de mettre à nouveau à disposition des milliers d'œuvres de classiques français, allemands et d'autres langues disponible dans un format livre. Les œuvres ont été scannés et digitalisés. Malgré tous les soins apportés, des erreurs ne peuvent pas être complètement exclues. Nos partenaires et nous même, tredition, essayons d'aboutir aux meilleurs résultats. Toutefois, si des fautes subsistent, nous vous prions de nous en excuser. L'orthographe de l'œuvre originale a été reprise sans modification. Il se peut que ce dernier diffère de l'orthographe utilisée aujourd'hui.

RELATION
DU
GROENLAND.

A PARIS,

Chez Augustin Courbé, dans la
petite Salle du Palais, à la Palme.

M. DC. XLVII.

ADVERTISSEMENT
SUR LA CARTE

DU

GROENLAND.

Je puis dire que Monsieur Chapelain est le veritable Autheur de cette Carte, en ce qu'il l'a jugée absolument necessaire, pour l'intelligence de ma Relation, & que je n'ay peu faillir en suivant le conseil d'une Personne qui est dans une si haute, & si universelle approbation.

J'ay dressé cette Carte sur quatre Elevations qui m'ont esté particulierement connuës; du cap Faruel, de l'Islande, du Spitsberg, & de cét endroit de la Mer Christiane, où les glaces arresterent le Capitaine Munck, qui est icy marqué, & nommé, Port d'hyver de Munck.

J'ay pris les longitudes de tous ces lieux, sur le Meridien de l'Isle de Fer des Canaries, par l'advis de Monsieur Roberval, Mathematicien de grand nom, & de Monsieur Sanson, excellent Geographe, que j'ay consultez pour la construction de cette Carte.

La longitude du port d'hyver de Munck, m'a esté plus precisément connuë que les autres, par une Ecclypse de Lune, qui est rapportée dans la Relation mesme de ce Capitaine, qui dit l'avoir veuë estant à ce port, sur les huit heures du soir, du vingtiéme Decembre, de l'année mil six cents dix-neuf. Elle dût paroistre à Paris, suivant les Tables des mouvemens celestes, sur les trois heures du matin, ou environ, du 21. du mesme mois. Mais parce que cette Ecclypse dura trois heures, & plus, & que le Capitaine Munck ne dit pas s'il la vid, ou à son commencement, ou à son milieu, ou à sa fin; Monsieur Gassendy, à qui j'ay eu recours touchant cette difficulté, & dont la suffisance est connuë de tous ceux qui font profession d'aymer les belles lettres, m'u conscillé, pour la vray-semblance de la conjecture, & pour ne pas tomber dans l'un, ou l'autre extreme, de poser que cette Ecclypse fut apperçeuë au port de Munck, entre son commencement, & sa fin; c'est à dire, vers le milieu du temps qu'elle dura, & à l'heure, ou environ, qu'elle dût paroistre à Paris. D'où il resulteroit que lors qu'il est trois heures du matin à Paris, il n'est que huit heures du soir, du jour precedent, au port de Munck; & qu'il y a sept heures de difference, d'un lieu à l'autre. Or, en prenant quinze degrez pour chaqu'heure, selon les regles de la science; il s'ensuivroit aussi que le Meridien du port de Munck, seroit esloigné du Meridien de Paris, de cent cinq degrez; & que mettant Paris au vingt-troisiéme degré, & ½ de longitude, le port de Munck devroit estre mis au deux cents septante-huitiéme degré, & ½; c'est à dire, 81. degré, & ½ au delà du Meridien des Canaries. Et il seroit evident par la mesme raison, qu'à compter douze lieuës communes de France, pour chaque degré de ce Parallele, dont les degrez sont, d'environ la moitié, plus petits que les degrez des grands Cercles; ce port seroit esloigné de Paris, d'environ 1260. lieuës.

J'ay divisé la partie Meridionale du Groenland, prise au cap Faruel, en deux Isles, de la façon qu'elles sont icy representées. Ce que j'ay fait, non pas sur les Relations Danoises, dont je me suis servy pour ma Relation, car elles n'en parlent point; mais sur une Carte de la Bibliotheque de MONSEIGNEUR LE CARDINAL MAZARIN, que Monsieur Naudé (l'Ame, de ce grand Corps d'excellens Livres, & de curieuses recherches, qui composent cette illustre Bibliotheque) m'a fait la grace de me communiquer. Ces mots sont escrits au pied de cette Carte: Hæc delineatio facta est per Martinum filium Arnoldi, natum in Hollandia, civitate dicta, *den Briel,* qui bis navigationem ad *Insulam,* dictam, *Antiquam Groenlandiam,* instituit; tanquam supremus gubernator, anᵒ. 1624. & 1625. *Ce Martin fils d'Arnould, appelle le Groenland, une Isle; quoy que l'on ne sçache pas encore, s'il est Isle, ou Continent, ou composé d'Isles. Il dit que c'est la Carte du Vieux Groenland. Il pouvoit dire, du vieux, & du nouveau; car on n'en connoit point d'autre. Et ce que nous en connoissons devroit plustost estre appellé, le nouveau, que le vieux; La raison est, qu'encore que le vieux Groenland ait esté certainement placé en quelque endroit de la Terre qui est icy descrite, & à l'Ouest de l'Islande; on ne sçauroit neantmoins determiner cét endroit, & qu'il n'est pas connu des Norvegues mesmes d'aujourd'huy, quoy que leurs peres l'ayent trouvé, & habité des siecles entiers; comme il sera plus particulierement deduit dans cette Relation.*

Ce qui est icy representé de la liaison du cap Faruel, avec le destroit Christian, & la mer Christiane, & du port d'hyver de Munck; a esté tiré sur une Carte que le Capitaine Munck fit faire de son voyage, qui est imprimée avec sa Relation. Je l'ay suivie d'autant plus volontiers, qu'elle a du rapport avec la Carte mesme du Capitaine Hotzon, qui descouvrit le premier ce destroit, & cette mer; que Monsieur Chapelain, aussi courtois, que curieux, a tirée de son cabinet, pour me la mettre en main, & la confer-er tout à loisir, avec celle que j'ay du Capitaine Munck.

Je n'ose pas asseurer que toute la coste de la mer Christiane, & du Couchant, qui est icy descrite, entre le golfe Davis, & le port d'hyver de Munck, soit du Groenland; parce qu'il se peut faire qu'il y ait quelque Riviere considerable, ou quelque Destroit, que je ne connois pas, qui coupe cette Terre, & separe le Groenland, de l'Amerique. Ce qui me rend plus irresolu sur ce point, est, que je n'ay pas ouy dire en Danemarc, que toute cette coste fust du Groenland, comme je l'ay ouy affirmer de toute la coste du Nordest, qui est entre le cap Faruel, & le Spitsberg. Je laisse la resolution de ce doute, à ceux qui en auront plus de connoissance, par les Relations Angloises, & Hollandoises; n'ayant fait dessein que d'escrire icy ce que j'ay appris de cette Terre, par les Livres Danois, & les conversations que j'ay euës en Danemarc.

Fautes survenuës à l'Impression.

Page 4. ligne 2. effacez, de. Page 7. ligne 2. golfe Davis, lisez cap Faruel. Page 8. ligne 14. vous remarquer, lisez vous faire remarquer. Page 11. ligne 15. Rovsseatv, lisez Rousseau.

Monsieur l'Ambassadeur, de qui il est souvent parlé dans cette Relation, est, MONSIEUR DE LA THUILLERIE, qui a fait la Paix celebre des deux Couronnes du Nord.

RELATION
DU

GROENLAND

A MONSIEUR DE
LA MOTHE LE VAYER.

MONSIEUR,

Je voy bien qu'il ne me suffit pas de vous avoir escrit une longue lettre de l'Islande; il est juste que je tienne ma promesse, & que je vous envoye une Relation du Groenland. Ne vous estonnez pas du temps que j'ay mis à passer de l'un à l'autre. Si vous considerez les difficultez, & les perils, qui se rencontrent dans cette Navigation; vous trouverez que j'ay eu raison de ne me pas haster, & de m'informer tout à loisir de la route que je devois prendre, pour trouver cette Terre Septentrionale, qui merite mieux le nom d'Inconnuë, que la Terre Australe. Ce n'est pas que les Norvegues ne l'ayent habitée, & que durant l'espace de cinq ou six cents ans, ils n'y ayent entretenu leurs commerces, & leurs colonies. Mais ne confondons point les choses, & ne mettons pas à la teste de ce Discours, ce qui en doit composer le corps. Je vous diray ce que j'ay appris de cette Terre, comme inaccessible, avec tout l'ordre que j'ay peu tirer de ce qui m'en a esté raconté, & que j'ay peu comprendre des escrits les plus confus, je ne dis pas que j'aye jamais leus, mais qui m'ayent esté expliquez, d'une langue que je n'entends pas; comme sont les livres Danois, que M. Rets Gentilhomme Danois, a eu la bonté de lire en ma presence, & de m'en donner en mesme temps l'explication. Vous le verrez bien-tost à Paris; car le Roy de Danemarc l'a nommé, à cause de son merite & de sa vertu, pour estre son Resident en France; & il vous certifiera ce que je vous vay escrire.

LE GROENLAND est cette Terre septentrionale qui serpente du Midy au Levant, declinant vers le Nord, depuis le cap Faruel de l'Ocean Deucaledonien; tout le long des costes de la mer Glaciale, qui tirent vers le Spitsberg, & la Nova Zembla. Quelques uns ont dit, qu'elle se va joindre avec les terres de la Tartarie; mais la chose est incertaine, comme vous entendrez cy-apres. Elle a donc à l'Orient, la mer Glaciale; au Midy, l'Ocean Deucaledonien; à l'Occident, le destroit Hotzon, ou Christian, & la mer Hotzonne, ou Christiane, qui la separent de l'Amerique; sa largeur est inconnuë du costé du Septentrion. La Chronique Danoise dit à ce propos, que c'est l'extremité du Monde vers le Nord, & qu'au delà il ne se trouve point de Terre plus septentrionale. Il y en a qui croyent que le Groenland est continent avec l'Amerique, depuis que les Anglois, qui ont voulu passer le destroit Davis, pour chercher par là une route dans le Levant, ont trouvé que ce que Davis avoit pris pour un destroit, estoit un golfe. Mais j'ay une Relation Danoise, d'un Capitaine Danois nommé Jean Munck, qui a tenté ce passage du Levant par le Nordouest du cap Faruel, & selon ce qu'il en a dit, l'apparence est grande que cette Terre est tout à fait separée de l'Amerique. Ce que je vous feray voir en son lieu, lors que je vous parleray de ce voyage. L'elevation du Groenland, prise au cap Faruel, qui est sa partie la plus meridionale, suivant la mesure qu'en a prise le Capitaine Munck, matelot fort entendu, est de soixante degrez trente minutes. Ses autres parties sont beaucoup plus eslevées, selon qu'elles s'approchent plus du Pole; & je n'en ay point de determinée que celle de Spitsberg, que les Danois content entre les Terres de Groenland, & disent estre de septante-huit degrez, ou environ. Je ne vous parle pas de la longitude de cette Terre, parce que mes Relations n'en parlent point, & que je n'en ay rien appris de plus particulier que ce que nos cartes en disent. Il me suffit de vous faire remarquer, que le cap Faruel est au delà des Canaries, & de nostre premier Meridien.

Je me suis principalement servy pour l'Histoire du Groenland, de deux Chroniques, l'une Islandoise, & l'autre Danoise; la premiere ancienne, & l'autre nouvelle; la premiere en prose, & l'autre en vers; & toutes deux escrites en langage Danois. L'original de l'Islandoise est Islandois, composé par *Snorro Storlesonius*, Islandois, qui a esté *Nomophylax*, comme l'appelle Angrimus Jonas, ou Juge souverain de l'Islande, en l'année 1215. C'est le mesme qui a compilé l'Edda, ou les fables de la poësie Islandoise, dont je vous ay autresfois parlé. La Chronique Danoise a esté composée en vers Danois, par un Prestre Danois, nommé *Claude Christophersen*, qui est mort depuis quinze ans, ou environ. Cette Chronique Danoise raporte, que des Armeniens agitez par une grande tempeste, furent emportez dans l'Ocean du Nord, & aborderent par hazard en Groenland, où ils demeurerent quelque temps, & de là passerent en Norvegue, où ils habiterent les rochers de la mer Hyperborée. Mais cela n'est appuyé que sur la fable, & l'ancienne coustume de faire venir des Peuples esloignez pour fonder des origines. L'Histoire est plus receuë, & plus certaine, que les Norvegues ont passé en Groenland, qu'ils l'ont descouvert; & habité, de cette sorte.

Un Gentilhomme de Norvegue, nommé Torvalde, & son fils Erric, surnommé le Rousseau, ayans commis un meurtre en Norvegue, s'enfuyrent en Islande, où Torvalde mourut. Son fils Erric, homme impatient & cholere, tua bien-tost apres un autre homme en Islande. Et comme il ne sçavoit où aller, pour eschaper la rigueur des Juges qui le poursuivoient, il se resolut de chercher une Terre, qu'un nommé *Gundebiurne*, luy dit avoir veuë à l'Ouest de l'Islande. Erric trouva cette Terre, & y aborda par une emboucheure que font deux Promontoires, dont l'un est au bout d'une Isle, qui est vis à vis du continent de Groenland, & l'autre dans le continent mesme. Le promontoire de l'Isle s'appelle, *Huidserken*; celuy du continent, *Huarf*; Et entre les deux il y a une tres-bonne rade, nommée *Sandstafm*, où les vaisseaux sont à couvert du mauvais temps, & en grande seureté. *Huidserken*, est une prodigieusement haute montagne, sans comparaison plus grande que *Huarf*. Erric le Rousseau l'appella du commencement, *Mukla Iokel*, c'est à dire, le grand glaçon. Elle a esté depuis appellée *Bloserken*, comme qui diroit, chemise bleuë, & pour la troisiéme fois *Huidserken*, qui signifie chemise blanche. La raison de ces deux derniers changemens de noms, est vray-semblablement celle-cy; que les neges qui se fondent & se glaçent en méme temps, composent du commencement une glace qui est de la couleur de la mousse, ou de l'herbe, ou des petits arbres qui croissent sur les rochers. Mais comme par une longue cheute de neges, qui s'entassent les unes sur les autres, la glace devient extraordinairement espaisse, elle reprend sa couleur, & la blancheur qui luy est naturelle. Ce que je vous dis par l'experience de ce qui se fait en Suede, où nous avons veu des rochers qui nous ont paru bleüastres, & blancs, par la mesme raison. Je ne vous dissimuleray pas, & Monsieur l'Ambassadeur le certifiera, qu'en revenant ce mesme hyver de Suede en Danemarc, & passant en carrosse sur la mer, qui est entre Elsenur & Coppenhague, nous avons veu de grandes pieces de glace amoncelées en divers endroits, dont les piles entieres nous paroissoient, les unes extremement blanches, les autres comme teintes du plus bel azur qui se puisse voir, de quoy nous ne pouvions rendre aucune raison; car elles estoient faites de mesme eau, & nous les voyons toutes d'un aspect qui ne nous sembloit pas assez different, pour causer cette difference de couleurs. Ce vers de Virgile me revint à la memoire, où il parle des deux Zones froides, en ces termes.

    Cærulea glacie concretæ, atque imbribus atris.

Mais je croy que *Cærulea glacies* se doit prendre en ce lieu, pour de la glace noire, telle que Virgile se l'est figurée dans des pays noirs, & tenebreux; selon le sens de ce mesme Poëte en un autre endroit,

    Olli cæruleus supra caput adstitit imber.

Et de cét autre,

    — — *stant manibus aræ,*
    Cæruleis mæstæ vittis, atraque Cupresso.

Revenons à nostre propos. Erric le Rousseau, devant que de s'engager dans le continent, jugea à propos de reconnoistre l'Isle, & y descendit. Il la nomma, *Erricsun*, c'est à dire, l'Isle de Erric, & y demeura tout l'Hyver. Le Printemps venu, il passa de l'Isle au continent, qu'il nomma GROENLAND, c'est à dire, *Pays verd*, à cause de la verdeur de ses pasturages, & de ses arbres. Il descendit à un Port, qu'il nomma *Erricsfiorden*, c'est à dire le port de Erric; & non guere loin de ce port fit un logement, qu'il nomma *Ostrebug*, c'est à dire, bastiment de l'Est. L'Automne suivant, il alla du costé de l'Ouest, où il fit un autre logement, qu'il nomma *Vestrebug*, c'est à dire, bastiment de l'Ouest. Mais, soit que la demeure du continent luy parût plus froide, & plus rude que celle de son Isle, ou qu'il y trouvast moins de seureté, il retourna l'Hyver d'apres à Erricsun. L'Esté suivant Erric passa au continent, & alla du costé du Nord, jusques au pied d'un grand rocher, qu'il nomma *Snefiel*, c'est à dire, rocher de nege, & descouvrit un Port, qu'il nomma *Ravensfiorden*, c'est à dire, le port des Corbeaux, à cause du grand nombre de Corbeaux qu'il y trouva. Ravensfiorden respond du costé du Nord à Erricsfiorden, qui est du costé du Sud, & on va de l'un à l'autre par un bras de mer qui les joint. Erric retourna dedans son Isle sur la fin de l'Automne, & y passa le troisiéme Hyver. Le Printemps revenu, il se resolut d'aller en personne en Islande, & pour obliger les Islandois, avec lesquels il avoit fait sa paix, de le suivre en Groenland, publia les merveilles de la nouvelle Terre qu'il avoit descouverte. Il raporta qu'elle abondoit en gros & en menu bestail, en pasturages excellens, en toute sorte de chasse & de pesche. Et les persuada si bien, qu'il retourna en son pays de conqueste, avec grand nombre de Vaisseaux, & d'Islandois, qui le suivirent.

Le fils d'Erric nommé Leiffe, ayant passé de Groenland en Islande avec son pere, passa d'Islande en Norvegue; où, selon ma Chronique Islandoise, il trouva le Roy Olaus Truggerus, & lui dit la bonté de la Terre que son pere avoit trouvée. Ce Roy de Norvegue, qui depuis peu s'estoit fait Chrestien, fit instruire Leiffe au Christianisme, & l'ayant fait baptiser, l'obligea de demeurer l'Hyver suivant à sa Cour. Il le renvoya l'Esté d'apres, vers son pere en Groenland, & luy donna un Prestre pour instruire Erric, & le peuple qui estoit avec luy, dans la Religion Chrestienne. Leiffe estant de retour chez son pere en Groenland, fut appellé par les habitans du lieu, *Leiffdenhepne*, c'est à dire Leiffe l'heureux, parce qu'il avoit eschapé de grands perils dans son voyage. Il receut un mauvais accueil de son pere en arrivant, de ce qu'il avoit amené des estrangers avec luy. Ces estrangers estoient quelques pauvres matelots, qu'il avoit trouvez sur la quille de leur Vaisseau, jetté par l'orage, & renversé en pleine mer, sur des rochers de glace. Leiffe esmeu de compassion pour des miserables, que la mesme Tempeste qui l'avoit battu, avoit fait perir, les avoit receus dedans son navire, & menez en Groenland. Erric estoit faché de ce que Leiffe avoit, disoit-il, enseigné à des estrangers la route d'une Terre qu'il ne vouloit pas faire connoistre à tout le monde. Mais ce fils genereux adoucit l'esprit farouche de son pere, & luy fit entendre les devoirs de l'humanité qui fait les hommes. Il luy parla en suite de la Charité qui fait les Chrestiens, & le pria d'écouter le Prestre que le Roy de Norvegue luy avoit donné. En quoy il reüssit de telle sorte, qu'il luy persuada de se faire baptiser, luy, & le peuple qui estoit sous luy.

C'est tout ce qui se lit, & que j'ay peu apprendre d'Erric le Rousseau, de son fils Leiffe, & de ces premiers Norvegues qui ont habité le Groenland. La Chronique Islandoise met le depart de Torvalde, & d'Erric le Rousseau son fils, du port de Iedren en Norvegue, au temps de *Hakon Iarls*, dit le *Riche*, qui est le commencement de cette Chronique; & au regne d'Olaus Trugguerus Roy de Norvegue, qui se raporte à l'an de grace 982. ou environ. Mais la Chronique Danoise va plus avant, & la met en 770. Je vous ay fait voir dans ma Relation de l'Islande, que cette derniere supputation est plus apparente que la premiere, par une Bulle du Pape Gregoire IV. d'environ l'an de grace 835. adressée à l'Evesque Ansgarius, pour la propagation de la Foy, dans toutes les terres du Nord, & notamment de l'Islande, & de Groenland. Je ne m'arresteray pas sur cette dispute, & vous diray seulement deux choses à ce propos. La premiere, que la mesme Chronique Danoise porte, que les Roys de Danemarc s'estans faits Chrestiens, sous l'Empire de Louys le Debonnaire, le Groenland faisoit grand bruit dés ce temps-là. La seconde, que M. Gunter, Secretaire du Roy de Danemarc, homme docte, d'excellent esprit, & mon intime amy, m'a dit avoir veu dans les Archives de l'Archevesché de Bréme, une vieille Chronique escrite à la main, dans laquelle estoit une copie de la Bulle qui constituoit l'Archevesque de Bréme Metropolitain de tout le Nord, & par exprés de la Novergue, & des Isles qui en dependent, *Islande*, & *Groenland*. Qu'il ne se souvenoit pas precisement de la datte de la Bulle, mais qu'il estoit asseuré qu'elle estoit de devant l'an 900. de nostre salut.

La Chronique Danoise dit, que les successeurs d'Erric le Rousseau, s'estans multipliez en Groenland, s'engagerent plus avant dans le pays, & trouverent entre des montagnes, des terres fertiles, des prairies, & des rivieres. Ils diviserent le Groenland en *Oriental*, & *Occidental*, selon la division qu'en avoit faite Erric, par les deux bastimens *d'Ostrebug*, & *Vestrebug*. Ils bastirent à la partie Orientale une Ville qu'ils nommerent *Garde*; où, dit la Chronique, les Novergues portoient toutes les années diverses marchandises, & les vendoient aux habitans du pays, pour les y attirer. Leurs enfans allerent plus avant, & bastirent une autre ville, qu'ils appellerent Albe; Et comme le zele s'augmentoit entre ces nouveaux Chrestiens, ils edifierent un Monastere sur le bord de la mer, à l'honneur de sainct Thomas. La ville de Garde fut la Residence de leurs Evesques, & l'Eglise de sainct Nicolas, patron des matelots, bastie dans la mesme ville, fust le Dome, ou la Cathedrale de Groenland. Vous verrez la suite, & le catalogue de ces Evesques, dans cette partie du *Specimen Islandicum* d'Angrimus Jonas, où il parle du Groenland, depuis leur establissement jusques à l'année 1389. Et Pontanus remarque dans son Histoire de Danemarc, qu'en la mesme année 1389. un nommé Henry, Evesque de Garde, assista aux Estats de Danemarc, qui se tenoient à Nieubourg en Funen, sur les bords du grand Belt. Comme le Groenland relevoit des Roys de Norvegue pour le temporel, ses Evesques relevoient des Evesques de Drunthen en Norvegue, pour le spirituel; & les Evesques de Groenland passoient bien souvent en Norvegue, pour consulter les Evesques de Drunthen, sur les difficultez qui leur survenoient. Le Groenland a vescu selon les loix d'Islande, sous des Vice-Roys que les Roys de Norvegue y ont establis. Vous sçaurez les noms de ces Vice-Roys, & les gestes de semblables heros Islandois, aux champs Groenlandiques, dans le *Specimen Islandicum*, où le bon Angrimus, ardent compatriote, ne les a pas oubliez; & où je vous renvoye, n'ayant pas jugé à propos de vous escrire ces galenteries, puis qu'elles sont imprimées.

La Chronique Danoise raporte, qu'en l'année 1256. le Groenland se revolta, & refusa de payer le tribut au Roy Magnus de Norvegue. Le Roy Erric de Danemarc, à la priere du Roy Magnus, qui avoit espousé sa niepce, equippa une armée navale pour cette expedition. Les habitans de Groenland voyant rougir les estendars Danois, & reluire les armes sur les vaisseaux, eurent si grand peur, qu'ils crierent mercy, & demanderent la paix. Le Roy de Danemarc ne se voulut pas prevaloir de la foiblesse du Roy de Norvegue, & luy laissa le Groenland, en faveur de sa niepce, & de ses petits neveux. Cette paix fut faite en mil deux cens soixante-un. Et Angrimus Jonas qui en a fait mention, raporte les noms des trois principaux habitans de Groenland qui signerent le traitté en Norvegue. *Declarantes*, dit Angrimus, *suis factum auspiciis, ut Groenlandi perpetuum tributum Norvego denuo jurassent.*

La Chronique Islandoise, qui est une petite rapsodie d'autres Relations, fait un chapitre intitulé, *Description du Groenland*. Et cette

Description est de l'estat ce semble, le plus florissant des Norvegues dans cette terre. Je vous transcriray mot à mot, ce qui est escrit dans ce chapitre, selon qu'il m'a esté expliqué de Danois en François; Et ne me demandez ny année, ny ordre dans ce discours; car je ne vous garentis ny l'un ny l'autre.

La Ville la plus orientale de Groenland est appellée *Skagefiord*; où il y a un rocher inhabitable, & plus avant dedans la mer il y a un escueil, qui empesche que les navires n'y entrent, si ce n'est au gros d'eau. Et à ce gros d'eau, où, quand l'orage est impetueux, il entre dans ce port quantité de Balenes, & autres poissons, que l'on péche en abondance. Un peu plus haut vers le Levant, il y a un port, nommé *Funchebuder*, du nom d'un Page de sainct Olaus, Roy de Norvegue, qui y fit naufrage avec plusieurs autres. Plus haut encore, & proche des montagnes de glace, il y a une Isle nommée, *Roansen*, où il se fait grande chasse de toutes sortes de bestes, & entre autres de quantité d'Ours blancs. Il ne se void au delà que des glaces, tant par mer que par terre. Du costé Occidental se trouve *Kindelfiord*, qui est un bras de mer, dont la coste est toute habitée. Du costé droit de ce bras de mer, est une Eglise nommée *Korskirke*, c'est à dire, Eglise bastie en croix, qui s'estend jusques à *Petresuik*, où est *Vandalebug*; & au delà un Monastere de Religieux consacré à sainct Olaus, & à saint Augustin. Ce Monastere s'estend jusques à *Bolten*. Proche de Kindelfiord est *Rumpesinfiord*, où il y a un Convent de Religieuses, & diverses petites Isles, où se trouvent quantité d'Eaux chaudes, & si chaudes en Hyver, que l'on n'en peut approcher; elles sont temperées en Esté. Ces eaux sont tres-salutaires, & l'on y guerit de beaucoup de maladies. Proche de là est *Eynetsfiord*. Entre *Eynetsfiord* & *Rumpesinfiord* il y a une maison Royale nommée *Fos*, & une grande Eglise dediée à sainct Nicolas. Dans *Lunesfiord* il y a un promontoire nommé *Klining*; & plus avant un bras de mer, nommé *Grantevig*. Au delà, une maison appellée *Daller*, qui appartient au Dome de Groenland. Le Dome possede tout Lunesfiord, & nommément la grande Isle qui est au delà d'Einetsfiord, appellée *Reyatsen*, à cause des Renes qui l'habitent. Les Renes sont une espece de Cerfs, qui se trouvent dans le Nord.Dedans cette Isle se trouve une Pierre nommée *Talguestein*, si forte, que le feu ne la peut consumer, & si douce à couper, que l'on en fait des vases à boire, des chaudieres, & des cuves, qui contiennent dix ou douze tonneaux. Plus avant dans l'Occident il y a une Isle appellée *Langen,* où il y a huit metairies. Le Dome possede toute cette Isle. Proche de l'Eglise d'Einatsfiord il y a une maison Royale appellée *Hellestad.* Prés de là est Erricsfiord; & dans l'entrée de ce bras de mer il y a une Isle appellée *Herrieven,* qui signifie l'Isle du Seigneur, dont la moitié appartient au Dome, l'autre moitié à l'Eglise, appellée *Diurnes,* qui est la premiere Eglise qui se trouve en Groenland; & l'on void cette Eglise quand on entre dans Erricsfiord. *Diurnes* possede tout jusques à *Midfiord,* qui s'estend *d'Erricsfiord* en Nordouest. Proche de là est *Bondefiord,* du costé du Nord. Et dedans ce Nord, il y a quantité d'Isles & de ports. Le païs est inhabité & desert entre *Ostrebug* & *Vestrebug.* Proche de ce desert il y a une Eglise appellée *Strosnes,* qui a esté le temps passé Metropolitaine, & la residence de l'Evesque de Groenland. Les *Skreglinguer,* ou *Skreglingres,* tiennent tout le Vestrebug. Il s'y trouve des chevaux, des chevres, des bœufs, des brebis, & toutes sortes de bestes sauvages, mais point de peuple, ny Chrestien, ny Payen. Iuer Bert a fait cette Relation. Il a esté long-temps Maistre d'hostel de l'Evesque de Groenland. Il a veu tout cecy; & fut un de ceux que le Juge de Groenland nomma pour aller chasser les Skreglingres. En arrivant là ils ne trouverent personne, mais quantité de bestail, & en prirent autant que leur navire en pût porter. Au delà de Vestrebug il y a un grand rocher appellé *Himmelradsfield,* & au delà de ce rocher il n'y a personne qui ose naviger, à cause des Charibdes qui se trouvent dans cette mer.

C'est le contenu de tout le chapitre, que j'ay copié le plus ingenuëment que j'ay peu. Et n'ayant pas de carte particuliere du Groenland, ny d'autre Histoire, qui justifie, ou contredise ce discours; je ne sçay, Monsieur, que vous en dire, & vous le donne de mesme que je l'ay receu. Ce qui me choque en cecy est, que l'Eglise de Strosnes, bastie entre les deserts d'Ostrebug & Vestrebug, ait esté du commencement de l'habitation de Groenland, *Metropolitaine, & la residence de l'Evesque;* car il n'est point revoqué en doute, que la ville de Garde n'ait eu cét advantage de tout temps. La Chronique Danoise regrettant la perte de ce pays, que l'on ne peut trouver, asseure que si la ville de Garde, *Residence de l'Evesque,* estoit encore debout, & que l'on y peût aller, on y trouveroit quantité de memoires, pour une grande & veritable Histoire du Groenland. Angrimus Jonas méme, Islandois, parlant de cette Residence, dit par exprés, *Fundata in Bordum*, (il faut lire, *in Garden*) *Episcopali residentia, in sinu Eynatsfiord Groenlandiæ Orientalis.* Je croy que l'Autheur de cette Relation estoit bon Maistre d'hostel, mais tres-mauvais Escrivain. Et il n'a pas expliqué qui estoient ces Skreglingres, contre lesquels il fut envoyé. Je vous diray ce que le Docteur Vormius, le plus entendu de tous les Docteurs dans les recherches du Nord, m'en a dit de vive voix, & par escrit. C'estoient des Sauvages originaires de Groenland, à qui vray-semblablement les Norvegues donnerent ce nom, & je ne sçay pourquoy. Ils habitoient apparemment l'autre rive du bras de mer de Kindelfiord, de la partie Occidentale de Groenland, dont l'une des costes estoit habitée par les Norvegues. Et lors que ce Relateur a dit, que les Skreglingres tenoient tout le Vestrebug, il ne l'a entendu que de la rive qui regarde le Couchant; n'estant pas croyable qu'il ait voulu parler de l'opposée au Levant, que les Norvegues occupoient. Or il est à presumer, que quelques Avanturiers Norvegues ayans passé Kindelfiord en petit nombre, furent battus par ces Skreglingres. Le Vice-Roy de Norvegue, que la Relation appelle, *Juge de Groenland*, selon la façon de parler Islandoise, voulant tirer raison de cét affront, y envoya un Party plus fort, & equippa un bon Navire pour ce dessein. Mais les Sauvages qui virent venir le Vaisseau, firent ce qu'ils ont accoustumé de faire lors qu'ils se sentent les plus foibles; Ils s'enfuyrent, & se cacherent tous, ou dedans des bois, ou dedans des rochers, ou dedans des tanieres. Les Norvegues, qui ne trouverent qui que ce soit sur le rivage, rafflerent ce qu'ils trouverent de butin, & l'emporterent dans leur navire. C'est ce qui a obligé ce Relateur innocent d'escrire, qu'il se trouve chez les Skreglingres des chevaux, des chevres, des bœufs, des brebis, &c. mais point de peuple, ny Chrestien, ny Payen. M. Vormius croit que ces Skreglingres n'estoient pas esloignez du golfe Davis, & que ce pouvoient estre des Americains; ou bien que c'estoient les originaires habitans du Groenland nouveau, que les Danois ont descouvert sous le regne de ce Roy de Danemarc, Christian IV. & dont je vous parleray cy-apres. Qu'ils estoient voisins du vieux Groenland, que les Norvegues ont habité, & qu'ils occupoient une partie de Vestrebug, avant qu'Erric le Rousseau se fut saisi de l'autre.

Pour vous dire ce qui m'en semble, il n'estoit pas besoin de faire venir icy des Americains; & la derniere conjecture de M. Vormius est tres-judicieuse, & veritable; à laquelle j'adjousteray, que par la mesme raison, que le Vestrebug avoit ses originaires habitans, lors que les Norvegues y arriverent, l'Ostrebug les avoit aussi: Et que comme la partie de l'Est estoit plus proche de la mer glaciale, moins fertile, & par consequent plus deserte, que celle de l'Ouest; les Norvegues qui trouverent moins de resistance de ce costé-là que de l'autre, s'emparerent plus facilement de l'Ostrebug, que du Vestrebug. Et c'est pourquoy je ne voy pas dans mes Relations, qu'ils se soient opiniastrez à tenter des passages du costé de l'Ouest, mais bien du costé du Nord; où je remarque qu'ils ont marché huit jours entiers, sans descouvrir quoy que ce soit, que des neges, & des glaces, dont les vallées sont toutes pleines. De sorte, Monsieur, que vous pouvez juger par là, que l'endroit que les Norvegues ont possedé en Groenland, a esté reserré entre les mers du Midy, & du Levant; entre les montagnes du Nord, inaccessibles à cause des glaces; & les Skleglingres, qui arresterent leurs progrez du costé du Vestrebug. Vous noterez encore à ce propos, que la Chronique Islandoise nous donne pour veritable, & constant, que les Norvegues ont tenu si peu de chose dans le Groenland, qu'il n'eût peu estre conté en Danemarc, que pour la troisiéme partie d'un Evesché; & les Eveschés de Danemarc ne sont pas plus grands que ceux de France. La Chronique Danoise dit la mesme chose en ces termes; Que tout le Groenland est cent fois plus grand, que ce que les Norvegues y ont possedé; Que divers peuples l'habitent, & que ces peuples sont gouvernez par divers Seigneurs, dont les Norvegues n'ont jamais eu connoissance.

La Chronique Islandoise parle diversement de la fertilité de cette Terre, selon la diversité des Relations qui la composent. Elle dit en un lieu, qu'il y croist du meilleur froment qui se puisse trouver en aucun autre endroit du monde, & des Chesnes si vigoureux, & si forts, qu'ils portent des Glands gros comme des pommes. Elle dit en un autre lieu, qu'il ne croist en Groenland quoy que ce soit que l'on y seme, à cause du froid; & que ses habitans ne sçavent que c'est que de pain. Ce qui a du rapport avec la Chronique Danoise qui dit, que quand Erric le Rousseau entra dans ce pays, il ne vivoit que de pesche, à cause de l'infertilité de la terre. Neantmoins la mesme

Chronique Danoise rapporte, que les successeurs d'Erric, qui s'avancerent dans le pays apres sa mort, trouverent entre des montagnes, des terres fertiles, des prairies, & des rivieres, qu'Erric n'avoit pas descouvertes. Et la Chronique Islandoise qui se contrarie elle-mesme, n'est pas croyable en ce qu'elle met en avant, qu'il ne croist quoy que ce soit en Groenland, à cause du froid. La raison qu'elle allegue me fait douter de ce quelle dit: Car il est asseuré que cette partie de Groenland que les Norvegues ont habitée, est de mesme elevation que l'Uplande, qui est la plus fertile province de Suede; où il est certain qu'il croist quantité de beau & bon froment. Joint que par la mesme raison d'elevation, cette mesme Chronique dit ailleurs fort veritablement, qu'il ne fait pas si grand froid en Groenland qu'en Norvegue. Or il est constant qu'il croist de fort beau bled en Norvegue; & ce que je vous diray à ce propos, vous semblera estrange, mais des personnes croyables me l'ont certifié. Il y a des endroits dans la Norvegue, où l'on fait double moisson en trois mois de temps, par l'ordre, & la raison, que vous allez entendre. Ces endroits sont des plaines opposées à des rochers, que le Soleil bat continuellement, durant les ardeurs des mois du Juin, de Juillet, & d'Aoust; & une telle chaleur reverbere de ces rochers dessus ces plaines, qu'en six semaines, on laboure, on seme, & on recueille du bled mur. Et comme ces terres ont beaucoup de graisse, & de suc, par la quantité de neges fonduës qui les ont abreuvées, & que le Soleil a cuittes; on les ensemence encore une fois, & au bout d'autres six semaines, on ne manque pas de faire une seconde moisson, aussi bonne que la premiere.

Il y a de l'apparence que la terre de Groenland est, comme toutes les autres terres, composée de bons, & de mauvais endroits; de plaines & de montagnes, les unes fertiles, les autres infertiles. Il est certain qu'il y a quantité de rochers: Et la Chronique Islandoise dit notamment, que l'on y trouve des Marbres de toutes sortes de couleurs. On demeure d'accord que l'herbe des pasturages y est excellente, & qu'il y a quantité de gros & menu bestail; quantité de chevaux, de lievres, de cerfs, de renes, de loups communs, de loups cerviers, de renards, quantité d'Ours, blancs, & noirs; & il se lit dans la Chronique Islandoise, que l'on y a pris des Castors, & des Martres, aussi fines que les Sobelines de Moscovie. On y trouve des Faucons blancs, & gris, *Gerfaus.*en tres-grand nombre, & plus qu'en autre lieu du monde. On portoit anciennement de ces Oyseaux par grande rareté aux Rois de Danemarc, à cause de leur bonté merveilleuse; & les Roys de Danemarc en faisoient des presens aux Roys, & Princes, leurs voisins, ou amis; parce que la chasse de l'Oyseau n'est du tout point en usage dans le Danemarc, non plus qu'aux autres endroits du Septentrion.

La Mer est tres-poissonneuse en Groenland. Elle est pleine de loups, de chiens, & de veaux marins, & porte un nombre incroyable de Balenes. Je ne sçay si je dois mettre les Ours blancs de Groenland entre ses animaux terrestres, ou aquatiques; Car, comme les Ours noirs ne quittent pas la terre, & ne se nourrissent que de chair; les blancs ne quittent point la mer, & ne vivent que de poisson. Ils sont beaucoup plus grands, & plus sauvages, que les noirs. Ils vont à la queste des loups, & des chiens marins, qui font leurs petits sur les glaces, de peur des Balenes. Ils sont avides de Baleneaux, & les trouvent friands sur tous les autres poissons. Ils ne s'engagent pas volontiers en pleine mer, lors que les glaces sont fonduës. Ce n'est pas qu'ils ne nagent, & ne puissent vivre dedans l'eau, comme les poissons; mais ils craignent les Balenes, qui les sentent, & les poursuivent, par une antipathie naturelle, parce qu'ils mangent leurs petits. C'est pourquoy, quand les glaces sont destachées du Groenland septentrional, & qu'elles sont poussées vers le Midy, les Ours blancs qui se trouvent dessus, n'en osent sortir; & comme ils abordent, ou dans l'Islande, ou dans la Norvegue, à l'endroit que les glaces les portent, ils deviennent enragez de faim.

Heu male tum solis Norvegûm erratur in oris.

Et il se dit d'estranges Histoires des ravages que ces animaux ont faits dedans ces terres.

Le Groenland a esté de tout temps, tres-fertile en Cornes, que l'on appelle de Licornes. Il s'en void en Danemarc beaucoup d'entieres, quantité de tronçons & de bouts, & un nombre infiny de pieces, qui les rendent tres-communes dans ce Royaume. Vous me demanderez qu'elles sont les Bestes qui portent ces Cornes. Je vous diray, Monsieur, que ces cornes, improprement dites cornes, n'ont rien de commun avec les veritables, & proprement nommées telles, de quelque nature qu'elles puissent estre; & que comme le nom de celles-cy est ambigu, il y en a qui doutent encore, si les Bestes qui les portent, sont chair, ou poisson. Vous noterez que les cornes de Licornes, que nous avons veuës en Danemarc, soit entieres, soit en pieces, sont de mesme matiere, de mesme forme, & de mesme vertu, que celles qui se voyent en France, & autre part. Cette belle corne entiere, de laquelle je vous ay autrefois parlé, & que j'ay veuë à Friderisbourg, chez le Roy de Danemarc, est sans contredit plus grande que celle de sainct Denis. Il est vray qu'elle n'est pas droite, & qu'elle est faucée à deux ou trois pieds de la pointe; mais elle est, quant au reste, de mesme couleur, de mesme figure, & de mesme poids, que celle de S. Denis. Pour les pieces de ces cornes que nous avons veuës en divers endroits de Coppenhague, il est certain que l'on les croit antidotes contre les venins, tout ainsi que celles qui se voient à Paris, & ailleurs. Cela posé pour constant, que toutes ces sortes de cornes qui se voyent en Danemarc, sont entierement semblables à celles de France, & que celles de Danemarc viennent de Groenland; il est question de sçavoir quelles Bestes ce sont qui portent ces cornes en Groenland. M. Vormius m'a dit le premier que ce sont des Poissons. Sur quoy je vous diray que j'ay eu de grandes disputes avec luy, lors que nous estions à Christianople; parce que cela renverse l'opinion de tous les anciens Naturalistes, qui ont traitté des Licornes, & nous les ont dépeintes Terrestres, & à quatre pieds: & que cela choque quantité de passages de l'Escriture Saincte, qui ne peuvent estre entendus que des Licornes à quatre pieds. Le bon M. Vormius, exact & sçavant dans les curiositez du Nord, me rescrivit de Coppenhague cette Histoire, que je vous transcriray de sa lettre.

Il y a, dit-il, quelques années, qu'estant chez M. Fris, grand Chancelier de Danemarc, predecesseur de M. Thomasson, qui l'est à present; je me plaignis à ce grand homme, qui a esté durant sa vie, l'ornement, & le soustien de sa patrie, du peu de curiosité qu'avoient nos Marchands, & nos Matelots, qui alloient en Groenland, de ne pas s'informer quels sont les Animaux dont ils nous apportent tant de cornes; & de n'avoir pas pris quelque piece de leur chair, ou de leur peau, pour en avoir quelque connoissance. Ils sont plus curieux que vous ne pensez, me respondit M. le Chancellier, & me fit apporter sur l'heure mesme, un grand Crane sec, où estoit attaché un tronçon de cette sorte de corne, long de quatre pieds. Je fus saisy de joye, de tenir une chose si rare, & si precieuse, entre mes mains; & ne pouvant assouvir mes yeux, il me fut d'abord impossible de comprendre ce que c'estoit. Je priay M. le Chancellier de me permettre de l'emporter chez moy, pour le considerer tout à loisir; ce que volontiers il m'accorda. Je trouvay que ce crane ressembloit proprement à celuy d'une teste de Balene; qu'il avoit deux trous au sommet, & que ces trous perçoient dans le palais: Que c'estoient sans doute les deux tuyaux, par lesquels cette beste rejettoit l'eau qu'elle beuvoit. Et je remarquay que ce que l'on appelloit sa Corne, estoit fiché à la partie gauche de sa machoire de dessus. Je conviay mes amis les plus curieux, & les meilleurs Escoliers de mon auditoire, de venir veoir cette rareté dans mon cabinet. Un Peintre que j'avois appellé, s'y estoit rendu: Et je fis tirer en presence des assistans, un portrait de ce crane avec sa corne, tel qu'il estoit, de figure, & de grandeur: afin qu'ils peussent estre tesmoins, que ma copie avoit esté prise sur un veritable original. Ma curiosité ne s'arresta pas là. Ayant eu advis qu'un semblable animal avoit esté porté, & pris en Islande, j'escrivis à l'Evesque de Hole, nommé *Thorlac Scalonius*, qui a esté autrefois mon disciple à Coppenhague; & le priay, comme mon amy, de m'envoyer le portrait de cette beste; ce qu'il fit, & me manda que les Islandois l'appelloient *Narhual*, comme qui diroit, Balene qui se nourrit de cadavres; parce que, *Hual*, signifie une Balene, & que, *Nar*, signifie un cadavre. C'estoit en effet le portrait d'un veritable poisson, qui ressembloit à une Balene. Et je vous promets, de vous le faire voir à vostre retour de Christianople, avec celuy du crane que j'ay eu de M. le Chancelier Fris.

M. Vormius ne manqua pas à nostre retour, de satisfaire à sa promesse, & au delà; car il ne se contenta pas de me faire voir les portraits de ces poissons: il me mena dans son cabinet, où je vy sur une table, dressée pour cela, l'original & le crane mesme, avec la corne de cette beste, que M. le Chancelier Fris, luy avoit autrefois confiée. Il l'avoit euë sur sa promesse, d'un Gentilhomme de Danemarc, gendre de M. Fris, à qui ce partage estoit escheu, qu'il estime huit mille risdalles; & l'avoit fait porter de vingt lieuës de Coppenhague, pour la faire voir à Monsieur l'Ambassadeur. Je vous advoüe, que je ne me pûs lasser d'admirer une curiosité si exquise, & l'ayant rapportée à Monsieur l'Ambassadeur, il la voulut voir dans le mesme cabinet. Son Excellence considera cette rareté avec plaisir, & pria M. Vormius de la luy prester, pour en avoir une exacte peinture, laquelle il a fait faire, & qu'il emporte à Paris. Ce grand homme qui a des complaisances genereuses pour tous les Vertueux, sera ravy de leur faire voir cette peinture, & de leur communiquer ce qu'il apportera de plus curieux du Nord. Il a des inclinations particulieres pour vous, Monsieur, & pour tous ces Messieurs qui composent l'illustre Mercuriale de la Bibliotheque de M. Bourdelot. Et je sçay que son Cabinet, qu'il veut rendre accomply, si Dieu luy fait la grace d'arriver en France, vous sera ouvert, & à tous ces Messieurs, avec une extreme joye.

Il est certain que le nom d'Unicorne est equivoque, & qu'il appartient à plusieurs sortes d'animaux; tesmoin l'Orix, & l'Asne Indique, dont Aristote a fait mention; & cette Beste farouche que Pline a descrite, qui a la teste d'un cerf, le corps d'un cheval, & le pied solide comme celuy d'un Elephant, qui est d'une legereté, & force, incomparables: Et qui est en effet cette veritable Licorne, dont l'Escriture Saincte a parlé en divers endroits: Si agile, qu'il est escrit par rareté, & merveille, que Dieu fera sauter le *Schirion*, qui est une montagne du Liban, comme le faon d'une Licorne; & si forte, que la force de Dieu mesme, est comparée à la sienne: *Deus fortis*, disoit Moyse, *eductor Judæorum, vires ejus ut Monocerotis.* Or il n'y a nulle apparence de mettre nos Licornes du Nord, que nous connoissons aquatiques, sous l'espece de ces Licornes, que l'on croid estre du Midy, ou du Levant, & qui sont notoirement terrestres. Le Prophete Isaie, predisant aux Juifs que Dieu les chasseroit de Jerusalem, eux, & leurs Roys, qu'il appelle *Unicornes. Descendent*, dit-il, *Unicornes cum eis.* Ce qui ne peut estre entendu que d'une descente terrestre. Et si le Prophete avoit creu que les Licornes eussent esté des Poissons, il auroit dit vray-semblablement, *natabunt*, au lieu de *descendent.*

Je poserois donc une espece d'Unicornes marins, comme l'on a posé des especes de chiens, de veaux, & des loups marins. Et la chose ne seroit pas nouvelle, puis que Bartolin, Autheur Danois, a fait un Chapitre expres, des Unicornes marins, dans son traité des Unicornes. Mais il se rencontre une difficulté contraire à cette position. Car il est question de sçavoir, si ces Unicornes marins, dont nous parlons, sont veritablement Unicornes; & si ce que nous appellons leurs cornes, sont veritablement des Cornes, ou des Dents. La resolution de la premiere doute depend de la derniere. Car si ce sont des dents, ces poissons ne peuvent estre dits Unicornes, parce qu'ils n'auront point de cornes; & si ce sont des cornes, ils seront notoirement Unicornes, parce qu'ils n'auront qu'une corne. M. Vormius asseure que ce sont des dents, & non pas des cornes. Et je voy qu'Angrimus Jonas les appelle des *Dents*, dans cét endroit de son *Specimen Islandicum*, où il parle d'un signalé naufrage que fit un Evesque de Groenland, nommé *Arnaud*, passant en Norvegue, dont le vaisseau fut rompu par la tempeste, dedans l'Isthme de l'Islande occidentale. Le naufrage arriva l'an de Christ 1126. Et dans le dé-nombrement qui fut fait des choses recueillies du debris, *Reperti sunt*, dit le bon Angrimus, *Dentes Balenarum pretiosi, & potiores, maris æstu in siccum rejecti, ac literis Runicis, indelebili glutine rubescentis coloris, inscripti; ut Nautarum quilibet suos, peracta aliquando navigatione, recognosceret.* Et il est constant que ce qu'Angrimus Jonas appelle icy, *Dentes Balenarum pretiosos*, est entendu en Danemarc, & se doit entendre de ces cornes, que nous appellons de Licornes, & dont nous parlons maintenant. Ce qui me fait croire que ce sont des dents, & non pas des cornes, est qu'Aristote nous donne pour veri-table, & certain, que tous les Unicornes portent leurs cornes au mi-lieu du front, dans la region ordinaire des cornes, & que ces Pois-sons portent, ce que nous appellons leurs cornes, au bout de leurs machoires, & de leurs gencives, à l'endroit où se fichent les dents. Que les cornes s'attachent au front, *per Symphysin*, que les dents s'enfoncent dans les machoires, *per Gomphosin*; Et que nous avons veu clairement dedans ce crane, que nous a monstré M. Vormius, que ce que nous avons pris pour une corne, estoit enfoncé dans la machoire, environ un pied de profondeur; Et qu'il estoit estendu en long au dehors, comme une lance couchée; de mesme que le poisson Pristes porte sa Scie, & que l'autre poisson Xiphias porte son Espée.

J'ay leu une belle raison dans Aristote, que je dirois plustost une belle remarque, sur l'unité de cornes des Unicornes. Il dit que tous les Animaux qui ont deux cornes, ont l'ongle divisé en deux, & que tous les Unicornes ont l'ongle solide, & indivis. Que la nature a fait une mesme union, & une mesme consolidation, d'ongles, & de cornes, aux pieds, & à la teste, des Unicornes; comme elle a fait une mesme division d'ongles, & de cornes, aux pieds, & à la teste, des autres animaux. D'où il resulte, que la seule distinction des Uni-cornes d'avec les autres animaux, consiste, dans l'unité, & solidité, de leurs ongles, & de leurs cornes. Et que par la mesme raison que les Unicornes portent leurs ongles aux pieds, comme les autres animaux; ils portent leurs cornes au mesme endroit de la teste, qui est le front. Et que comme les autres animaux, qui ont deux cornes, les portent aux deux costez du front; les Unicornes, qui n'en ont qu'une, la portent au milieu du front. Mais tout ainsi que les Poissons, dont nous parlons, n'ayant ny ongles, ny pieds, ne peuvent avoir de cornes à la teste; il s'ensuit que ce que nous appellons leurs cornes, estant enfoncé dans leur machoire, & n'estant pas attaché à leur front, ne peut estre des cornes, & partant que ce sont des dents.

Je n'estois pas du commencement de cét advis; & comme je le contestois avec M. Vormius, Monsieur le grand Maistre de Danemarc (de qui mes lettres vous ont appris, & la haute naissance, & l'eminente vertu, & la dignité relevée qu'il possede en Danemarc, de seconde Personne absoluë apres le Roy:) Ce grand homme, qui m'a honoré d'une particuliere bien-veuillance, & qui a pris plaisir de contenter ma curiosité en tout ce qu'il a peu, me dit à ce propos une chose qui me confirmoit dans ma premiere opinion, que c'estoient des cornes, & non pas des dents. Il me raconta que le Roy de Danemarc son maistre, voulant faire un present d'une piece de cette sorte de cornes, & le voulant faire beau, luy commanda de scier une corne entiere qu'il avoit, & de la scier au tronçon de la racine, qui est l'endroit le plus gros, & le plus beau. Ayant scié une partie de cette corne, qu'il croyoit solide, il rencontra une concavité, & fut estonné de voir dans cette concavité, une petite corne, de mesme figure, & de mesme matiere, que la grande. Il continua de scier la grande tout autour, sans toucher à la petite; Et trouva que la petite estoit advancée, de mesme que la concavité, dedans la grande, environ un pied, & que le reste de la grande estoit solide. Je m'allay representant sur ce recit, que les Bestes qui portoient ces cornes, muoyent comme les Cerfs; que leurs grandes cornes tomboient, & que d'autres renaissoient en leur place. Et que c'estoit sans doute la raison pour laquelle tant de cornes, separées de leurs testes, estoient portées sur les glaces de Groenland, en Islande. Mais je fus vaincu sans resistance quand j'eus veu le Crane, dont je vous ay parlé, & que j'eus consideré cette longue racine, qui estoit fichée dans sa machoire. Cela mesme que m'avoit dit M^r le grand Maistre, me fit croire que ce qu'il avoit scié estoit une dent, & non pas une corne.

Qu'il se peut faire que les dents tombent, & renaissent, à ces poissons, comme elles tombent, & renaissent, aux enfans, & à quelques hommes; Et que l'on voit assez souvent que les dents qui tombent, sont poussées, & sollicitées de tomber, par d'autres dents nouvelles, qui sortent devant que les vieilles soient tombées. Qu'une pareille chose n'arriva jamais aux Cerfs qui mettent bas; & que leurs testes demeurent nuës, comme s'ils n'avoient jamais eu de cornes, jusques à ce que les nouvelles renaissent, & se forment.

Mais un discours si long de cornes pourroit estre importun, & je le vay finir par le jugement que nous devons faire de la Corne, que l'on appelle de Licorne, qui est à sainct Denis. Je vous ay dit qu'elle est en tout & par tout semblable à celles de Danemarc. J'adjousteray à cela, que les Danois croyent pour tout asseuré, & s'engageroient de le prouver, que toutes ces especes de cornes, qui se voyent en Moscovie, en Allemagne, en Italie, & en France, viennent de Danemarc, où cette sorte de traffic a eu grand vogue, lors que le passage de Norvegue en Groenland, a esté libre, & conneu, & que reglement, on alloit, & venoit, de l'un à l'autre, tous les ans. Les Danois qui les envoyoient çà, & là, pour les vendre, n'avoient garde de dire que ce fussent des dents de poissons; ils les exposoient comme des cornes de Licornes, pour les vendre plus cherement. Et comme ils l'ont fait autresfois, ils le pratiquent encore tous les jours. Il n'y a pas long-temps que la Compagnie du nouveau Groenland, qui est à Coppenhague, envoya un de ses associez en Moscovie, avec quantité de grosses pieces de cette sorte de cornes, & un Bout entre autres, de grandeur fort considerable, pour le vendre au grand Duc de Moscovie. On dit que le grand Duc le trouva beau, & le fit examiner par son Medecin. Ce Medecin, qui en sçavoit plus que les autres, dit au grand Duc que c'estoit une Dent de poisson; & l'Envoyé retourna sur ses pas à Coppenhague, sans rien vendre. Comme il rendoit raison de son voyage à ses associez, il jetta toute la cause de son malheur sur ce meschant Medecin, qui avoit descrié sa marchandise, & avoit dit que tout ce qu'il avoit porté, n'estoit que des dents de poissons. Tu és un mal-adroit, luy respondit un associé, qui me l'a redit; Que ne donnois-tu deux ou trois cents ducats à ce Medecin, pour luy persuader que c'estoient des Licornes? Ne doutez pas, Monsieur, que la corne qui est à sainct Denis, ne soit venuë originairement du mesme lieu, & n'ait esté venduë de cette sorte. Je n'ose dire le temps qu'il y a que je ne l'ay veuë; mais si la memoire de l'idée qui m'en est restée, ne me trompe, c'est une Dent semblable à celles que nous avons veuës en Danemarc. Car elle a mesme racine que les autres. Elle a sa racine creuse, & corrompuë, par le bout, comme une dent gastée. Et si cela est, je soustiens que c'est une Dent, qui est tombée d'elle-mesme de la machoire de ce poisson, que les Islandois appellent *Narhual*, & que ce n'est point une Corne.

Revenons en Groenland. La Chronique Islandoise raporte, que l'air y est plus doux, & plus temperé qu'en Norvegue; qu'il y nege moins, & que le froid n'y est pas si rude. Ce n'est pas que par fois il n'y gele fort asprement, & qu'il n'y ait des Orages tres-impetueux; mais ces grands froids, & ces grands Orages, n'arrivent pas souvent, & ne durent pas long-temps. La Chronique Danoise remarque, comme une chose bien estrange, qu'en l'année 1308. il fit des Tonnerres espouventables dans le Groenland, & que le feu du ciel tomba sur une Eglise, nommée *Skalholt*, qui brula entierement. Qu'en suite de ce tonnerre, & de ce feu, il se leva une Tempeste prodigieuse, qui renversa les sommets de quantité de rochers, & que des Cendres volerent de ces rochers rompus, en si grande abondance, que l'on croyoit que Dieu les faisoit pleuvoir pour punir les peuples de cette terre. Cette tempeste fut suivie d'un Hyver si rude, qu'il n'y en eut jamais de pareil en Groenland; & la glace y demeura un an entier, sans se fondre. Comme je racontois le prodige de cette pluye de cendres, à Monsieur l'Ambassadeur, il me dit qu'estant à la Rochelle, un Capitaine de mer qui revenoit des Canaries, l'avoit asseuré, qu'estant à l'ancre, à six lieuës de ces Isles, une pareille pluye de cendres estoit tombée sur la rade où il estoit, & que son Vaisseau en avoit esté couvert comme s'il eust negé dessus. Qu'un orage si extraordinaire estoit venu d'un grand tremblement de terre, qui avoit escroulé des montagnes de feu qui sont aux Canaries, & que le vent en avoit jetté les cendres jusques à six lieuës dedans la mer. Il y a de l'apparence, que les cendres qui estoient sorties de ces rochers du Groenland, venoient d'une pareille cause, & qu'il y a dans cette contrée des montagnes ardentes, & des lieux sous-terrains, qui brulent, comme il y en a aux Canaries, & ailleurs. Ce qui peut estre sans contredit, & n'est pas incompatible, par l'exemple, & le voisinage, du mont *Hecla* de l'Islande, qui est beaucoup plus septentrionale, que n'est pas cette partie du Groenland; comme aussi par l'exemple d'autres montagnes ardentes, qui sont chez les Lappes plus élevez, bien loin au delà du cercle Arctique; & qui est confirmé par ce que vous avez peu remarquer cy-dessus, dans la vieille description de cette Terre, qu'il y a des Bains si chauds, que l'on ne les peut souffrir en Hyver.

L'Esté de Groenland est tousjours beau, jour, & nuit; si l'on doit appeller Nuit, ce crepuscule perpetuel qui y occupe en Esté tout l'espace de la nuit. Comme les jours y sont tres-courts en Hyver, les nuits en recompence y sont tres-longues; & la Nature y produit une merveille, que je n'oserois vous escrire, si la Chronique Islandoise ne l'avoit escrite comme un miracle, & si je n'avois une entiere con-fiance en M. Rets, qui me l'a leuë, & fidelement expliquée. Il se leve en Groenland une Lumiere avec la nuit, lors que la Lune est nouvelle, ou sur le point de le devenir, qui esclaire tout le pays, comme si la Lune estoit au plein. Et plus la nuit est obscure, plus cette Lumiere luit. Elle fait son cours du costé du Nord, à cause de quoy elle est appellée, *Lumiere septentrionale*. Elle a le regard d'un feu volant, & s'estend en l'air comme une haute, & longue palissade. Elle passe d'un lieu à un autre, & laisse de la fumée aux lieux qu'elle quitte. Il n'y a que ceux qui l'ont veuë, qui soient capables de se representer la promptitude, & la legereté, de son mouvement. Elle dure toute la nuit, & s'esvanouit au Soleil levant. Je laisse aux cu-rieux, qui sont plus entendus que je ne suis dans les raisons de la Physique, à rechercher la cause de ce Meteore. Et s'il se leve quelque vapeur de cette terre, qui s'eschauffe, & s'enflame par son mouve-ment, avec la mesme vitesse que nous voyons enflamer ces longues fusées, ou langues de feu, qui tombent de l'air, ou le traversent; ou de mesme que les Ardans voltigent sur les cimetieres. On m'a asseu-ré que cette Lumiere septentrionale se void clairement de l'Islande, & de la Norvegue, lors que le ciel est serain, & que la nuit n'est troublée d'aucun nuage. Elle n'esclaire pas seulement les peuples de ce monde Arctique; Elle s'estend jusques à nos climats. Et cette Lumiere est la mesme sans doute, que nostre Amy celebre, le tres-sçavant, & tres-judicieux Philosophe, Monsieur Gassendy, m'a dit avoir observée plusieurs fois, & à laquelle il a donné le nom d'Auro-re Boreale. La plus notable qu'il ait jamais veuë, fut celle qui parut par toute la France; *Silente Lunâ* (car elle n'avoit qu'un jour) durant la nuit du douze, au treiziéme de Septembre, de l'année 1621. Il l'a sommairement inserée dans la Vie de M. Peresc: mais elle est amplement, & merveilleusement bien descrite, dans les doctes Observations qu'il a faites, en suite de son Exercitation contre le Docteur Flud. Je vous y r'envoye, pour ne m'engager pas plus avant dans ce discours, & reprendre le fil de ma Relation.

La Chronique Danoise raporte, qu'en l'année 1271. un gros vent de Nordest, porta une telle quantité de glaces en Islande, chargées de tant d'Ours, & de bois, que l'on creut que ce que l'on avoit descouvert à l'Ouest de Groenland, n'estoit pas tout le Groenland, & que cette terre s'estendoit plus avant dans le Nordest. Ce qui obligea quelques matelots Islandois de tenter cette descouverte; mais ils ne trouverent que des glaces. Des Roys de Norvegue, & de Danemarc, avoient eu long-temps devant mesme pensée, & mesme dessein; Ils y avoient envoyé divers Vaisseaux, & y estoient allez en personne, mais ils n'y avoient non plus reüssi que les matelots Islandois. Ce qui avoit obligé les uns & les autres de tenter ce voyage, estoit, ou le rapport, ou l'opinion receuë, & fondée sur quelque rapport, qu'il y a dans cette contrée quantité de venes d'or, & d'argent, & de pierres precieuses; Ou peut-estre que ce passage de Job avoit fait impression sur leurs esprits, *Aurum ab Aquilone venit*. Et je vous diray à ce propos ce que la méme Chronique Danoise raconte, qu'il y a eu le temps passé des Marchands qui sont revenus de ces voyages avec de grands tresors. Elle dit aussi que du temps de Saint Olaus, Roy de Norvegue, des mariniers de Frisland, entreprirent le mesme voyage à mesme fin. Et comme ils se trouverent engagez dans de grandes tempestes, qui les jettoyent sur les rochers de cette coste, ils furent contraints de gagner le couvert dans quelques mauvais ports. Elle adjoute que s'estans hazardez de descendre, ils virent assez pres du rivage, de meschantes cabanes enfoncées dans la terre; & autour de ces cabanes, des tas de pierres de mine, où reluisoit quantité d'or, & d'argent. Ce qui les incita d'en aller prendre. Et de fait, chacun en prit tout autant qu'il en peut porter. Mais, comme ils se retiroient dans leur vaisseau, ils virent sortir de ces Fosses couvertes, des hommes mal-faits, & hideux comme des Diables, avec des arcs, & des fondes, & de grands chiens qui les suivoient. La peur qui saisit ces matelots, les obligea de doubler le pas, pour sauver ce qu'ils portoient, & se sauver eux-mesmes. Mais par malheur, un paresseux d'entre-eux tomba entre les mains de ces Sauvages, qui le deschirerent en un moment, à la veuë de ses compagnons. Le Chroniqueur Danois dit en suite de cette Histoire, que ce Pays est plein de richesses; à cause de quoy l'on dit que Saturne y a caché ses tresors, & qu'il n'est habité que des Diables.

Il y a un chapitre dans la Chronique Islandoise, intitulé; *Route & navigation de Norvegue en Groenland*. Le texte porte. La vraye route de Groenland, selon que les sçavans pilotes, nais en Groenland, ou qui en sont revenus depuis peu, nous l'ont racontée, est celle-cy. De *Nordstaden Sundmur*, en Norvegue, tirant droit vers le Couchant, jusques à *Horensunt*, du costé de l'Orient d'Islande, la navigation est de sept jours. De *Suofuels Iokel*, qui est une montagne de souffre, en Islande, jusques en Groenland, la plus courte navigation est de prendre vers le Couchant. On trouve à moitié chemin d'Islande en Groenland, *Gundebiurne Skeer*. C'a esté l'ancienne route, devant que les glaces vinsent de la terre du Nord, qui ont rendu cette navigation perilleuse. Il est en suite escrit, mais en article separé: De *Languenes* en Islande, qui est son extremité septentrionale, tirant vers le Nord, il y a dix-huit lieuës jusques à *Ostrehorn*, qui signifie, Corne Orientale. De Ostrehorn jusques à *Huallsbredde*, la navigation est de deux jours, & de deux nuits.

Je ne pretends pas que personne entreprenne le voyage de Groenland sur cette route: Et tout ce que j'y ay peu comprendre est, que la navigation de cette Mer a esté de tout temps difficile, & perilleuse. Vous avez peu remarquer la mesme chose, par ce que je vous ay dit du retour de Leiffe en Groenland chez son pere Erric le Rousseau; par le naufrage que je vous ay rapporté de l'Evesque Arnauld; & par ce que je viens de vous dire des mariniers de Frisland.

Il y a dans la mesme Chronique Islandoise un chapitre, dont le tiltre est tel. *Transcrit d'un vieux livre intitulé, Speculum Regale, touchant les affaires de Groenland*. Le texte en est, beaucoup plus clair que du precedent. On a veu, dit-il, le temps passé, trois Monstres marins, grands, & d'enorme figure, dans la mer de Groenland. Le premier a esté appellé par les Norvegues, *Haffstramb*, qu'ils ont veu de la ceinture en haut au dessus de l'eau. Il estoit semblable à un homme, du col, & de la teste; du visage, du nez, & de la bouche; si ce n'est que la teste estoit extraordinairement eslevée, & pointuë en haut. Il avoit les espaules larges, & aux bouts de ses espaules, deux tronçons de bras, sans mains. Le corps estoit deslié en bas, & l'on n'a jamais veu comme il estoit formé au dessous de la ceinture. Son regard estoit de glace. Il y a eu de grands orages, toutes les fois que ce Fantosme a paru sur l'eau. Le second Monstre a esté appellé, *Marguguer*. Il estoit formé jusques à la ceinture, comme le corps d'une femme. Il avoit de gros tetons, la chevelure espanduë, de grosses mains aux bouts de ses tronçons de bras, & de longs doigts attachez ensemble, comme sont les pieds d'un Oye. On l'a veu tenant des poissons dedans ses mains, & les mangeant; & ce Fantosme a tousjours precedé quelque grand orage. Si le Fantosme se plongeoit dans l'eau, le visage tourné vers les matelots, c'estoit un signe qu'ils ne feroient pas naufrage. S'il leur tournoit le dos, ils estoient perdus. Le troisiéme Monstre a esté appellé, *Hafgierdinguer*, qui n'estoit pas un Monstre proprement, mais trois grosses Testes, ou montagnes d'eau, que la tempeste eslevoit; & quand par malheur, des Navires se trouvoient engagez dans le Triangle que ces trois montagnes formoient, ils perissoient presque tous, & peu en reschappoient. Ce pretendu Monstre estoit engendré par des courants de mer, & des vents contraires, tres-impetueux, qui surprenoient les vaisseaux, & les engloutissoient. Ce mesme livre rapporte qu'il y a dans cette mer, de grandes masses de glace, eslevées comme des Statuës d'estrange figure. Il donne advis à ceux qui veulent aller en Groenland, de s'avancer vers le Sudouest, devant que d'aborder le pays, à cause de la quantité de glaces qui flottent sur cette mer, bien avant mesme dans l'Esté. Il conseille aussi ceux qui se trouveront en peril dedans ces glaces, de faire ce que d'autres ont fait en semblables rencontres; qui est, de mettre leurs chalouppes sur l'endroit le plus espais de ces glaces, avec le plus de vivres qu'ils pourront avoir, & d'attendre que ces glaces les portent à quelque terre, ou d'essayer, si elles se fondent, de se sauver dans leurs chalouppes.

C'EST ICY que finit l'Histoire du vieux Groenland; & l'Histoire de Danemarc cotte precisément l'année 1348. en laquelle une grande Peste, appellée, *la Peste noire*, devora la plus grande partie des peuples du Nord. Elle tua les principaux matelots, & les principaux marchands, de Norvegue, & de Danemarc, qui composoient les Compagnies du Groenland dans les deux Royaumes. On a remarqué aussi que de ce temps-là, les voyages, & les commerces, du Groenland furent interrompus, & commencerent de se perdre. Neantmoins M. Vormius m'a asseuré, qu'il a leu dans un vieux Manuscrit Danois, qu'environ l'an de grace 1484. sous le regne du Roy Jean, il y avoit encore dans la ville de Bergues, en Norvegue, plus de quarante Matelots qui alloient toutes les années en Groenland, & en rapportoient des marchandises de prix. Que ne les ayans pas voulu vendre cette année-là, à quelques marchands Alemands, qui estoient allez à Bergues pour les acheter; les marchands Alemans n'en dirent mot, mais convierent ces matelots à soupper, & les tuërent tous en une nuit. La chose a peu d'apparence de la façon qu'elle est escrite; car il n'est pas croyable que l'on allast si librement en ce temps-là, de Norvegue en Groenland. Cela repugne à la Narration que je vous vay faire, & qui est constante, de la decadence, & ruïne entiere du commerce, & communication, que la Norvegue & le Danemarc, ont euë avec le Groenland.

Vous sçaurez, Monsieur, que les Tributs du Groenland estoient anciennement destinez, & employez, pour la table des Roys de Norvegue, & que pas un matelot n'eust osé aller en Groenland sans congé, sur peine de la vie. Il arriva, qu'en l'année 1389. que Henry Evesque de Garde passa en Danemarc, & assista, comme je vous ay dit, aux Estats de ce Royaume, qui se tenoient en Funen, sous le regne de la Reyne Marguerite, qui avoit fait la jonction des deux Couronnes, de Norvegue, & de Danemarc; des Marchands de Norvegue, qui estoient allez en Groenland sans congé, furent accusez d'avoir enlevé les Tributs, dont le fonds estoit deu pour la table de la Reyne. La Reyne traitta severement ces Marchands, & ils auroient esté pendus, sans les sermens execrables qu'ils firent sur les sainctes Evangiles, qu'ils avoient esté en Groenland sans dessein, & que la Tempeste les y avoit jettez. Qu'ils n'en avoient rapporté, que des marchandises achetées, & n'avoient touché en façon quelconque aux Tributs de la Reyne. Ils furent relachez sur leur serment. Mais le danger qu'ils eschapperent, & les defenses rigoureuses qui furent reïterées, d'aller en Groenland sans congé, intimiderent si fort les autres, que depuis ce temps-là, qui que ce fust, marchand, ny matelot, ne s'y osa hazarder. La Reyne y envoya quelque temps apres des Navires, que l'on n'a jamais reveus depuis; & l'on a sçeu qu'ils avoient pery, par cela mesme que l'on n'a jamais peu sçavoir, ny où, ny comment. Les vieux matelots de Norvegue, furent effrayez de cette nouvelle, & n'oserent retourner sur cette mer. La Reyne qui se trouva en mesme temps engagée dans les guerres de Suede, ne les voulut pas presser, & ne tint nul compte du Groenland.

La Chronique Danoise, de qui j'ay appris cette Histoire, rapporte, qu'environ ce mesme temps, & l'an de grace 1406. l'Evesque *Eskild* de Drunthen, voulut avoir le mesme soin du Groenland que ses predecesseurs avoient eu, & y envoya un nommé, *André*, pour succeder à la place de *Henry*, Evesque de Garde, en cas qu'il fût mort, ou luy en rapporter des nouvelles, s'il estoit vivant. Mais depuis qu'André fut monté sur son vaisseau, & qu'il eut fait voile, on n'en a eu aucunes nouvelles, & quelque soin que l'on y ait rapporté, il a esté impossible d'apprendre ce que luy, & l'Evesque Henry, estoient devenus. C'est le dernier Evesque qui a esté envoyé de Norvegue, pour le Groenland. La mesme Chronique Danoise fait un dénombrement de tous les Roys de Danemarc, depuis la Reyne Marguerite, jusques au Roy Christian IV. à present regnant; pour faire voir, ou le peu d'estat que les uns ont fait du Groenland, ou le desir que les autres ont eu de retrouver cette terre. Et il importe, Monsieur, que vous appreniez cette suitte de fatalitez, ou de mal-heurs, qui nous ont fait perdre la connoissance d'un Pays celebre, qui a esté autrefois connu, habité, & pratiqué, des peuples de nostre monde.

Le Roy Erric de Pomeranie succeda à la Reyne Marguerite; & comme c'estoit un Prince estranger, & nouveau venu en Danemarc, il ne s'informa pas seulement, s'il y avoit une contrée au monde qui s'appellast *Groenland*.

Christophe de Baviere, qui succeda à Erric, employa tout son regne à faire la guerre aux Vandales, qui sont les Pomerains. La famille d'Oldembourg, qui regne aujourd'huy en Danemarc, commença de regner, en l'an de grace 1448. Le Roy Christian premier de ce nom, & de cette race, au lieu d'adresser ses pensées au Nord, les tourna vers le Midy. Il fut en pelerinage à Rome, obtint du Pape le pays de Dithmarche, pour la couronne de Danemarc, & une permission d'establir une Academie à Coppenhague.

Christierne II. succeda à Christian I. & promit solennellement, lors qu'il fut couronné Roy, de faire tout ce qui luy seroit possible pour recouvrer le Groenland. Mais bien loin de recouvrer une terre que ses predecesseurs avoient perduë, il perdit les Estats mémes qu'il possedoit. Ses cruautez le firent chasser de la Suede, que la Reyne Marguerite avoit jointe aux deux Couronnes, de Norvegue, & de Danemarc, & des trois n'en avoit fait qu'une. Il se retira en Danemarc, avec le mesme Esprit de fureur qui l'avoit possedé en Suede; & les Danois, qui ne le purent souffrir non plus que les Suedois, le déposerent du Royaume; à cause de quoy il est peint entre les Roys de Danemarc avec un Sceptre cassé à la main. Son Chancelier, Erric Valkandor, Gentilhomme Danois, de grande vertu, & de grand esprit, fut fait Archevesque de Drunthen, apres la disgrace de son maistre. Il se retira dans son Archevesché, où il occupa tout son Esprit à la recherche du Groenland, & des moyens d'y parvenir. Il leut tous les livres qui en parloient; examina tous les marchands, & tous les matelots de Norvegue, qui en avoient quelque connoissance; & se fit faire une carte de la route que l'on y devoit tenir. Mais comme il voulut executer ce dessein, en l'année 1524. il fut querellé par un grand Seigneur de Norvegue, qui luy fit quitter l'Archevesché, & le Royaume. Il se sauva à Rome, où il mourut. Frederic premier, oncle de Christierne, avoit occupé les Royaumes de Danemarc, & de Norvegue; & comme la faction de Christierne n'estoit pas encore bien esteinte, Frederic qui soupçonna, & craignit Valkandor, le fit chasser de Norvegue, & dissipa les Compagnies qu'il avoit formées pour la descouverte du Groenland.

Christian III. succeda à Frederic I. Il fit tenter le passage de Groenland, mais ceux qu'il y envoya ne le peurent descouvrir. Ce qui obligea ce Roy de lever les defenses rigoureuses, que les Roys ses predecesseurs avoient faites, d'aller en Groenland sans leur congé. Il permit à qui que ce fust qui en auroit envie, d'y aller sans sa permission. Mais les Norvegues se trouverent en ce temps-là si foibles de Navires, & si pauvres d'ailleurs, qu'ils n'eurent pas le moyen de s'équipper pour un voyage si difficile, & si hazardeux.

Le Roy Frederic II. succeda à la pensée de son pere Christian III. Il envoya un nommé *Mognus Heigningsen*, à la découverte du Groenland. Et si la chose est telle que le Chroniqueur l'a escrite, il y a un secret inconnu, & une cause cachée, qui s'oppose visiblement au dessein que l'on a pour la connoissance de cette terre. Mognus Heigningsen, apres beaucoup d'erreurs, & de mauvaises rencontres, descouvrit le Groenland, mais ne le peut approcher; parce que d'abord qu'il eut veu la terre, son Navire s'arresta tout court; de quoy il fut extrémement estonné, & avec raison; car c'estoit en pleine mer, dedans un grand fonds d'eau, il n'y avoit point de glace, & le vent estoit frais. Ne pouvant advancer, il fut contraint de reculer, & de retourner en Danemarc; où il fit le rapport de ce qui luy estoit arrivé, & dit au Roy qu'il y avoit de l'Aymant au fonds de cette mer, qui avoit arresté son vaisseau. S'il avoit sçeu l'Histoire de la Remore, peut-estre qu'il l'auroit alleguée aussi à propos que celle de l'Aymant. Cette advanture arriva l'an 1588. ou environ, que le Roy Frederic II regnoit. Et nostre Chronique Danoise, qui s'est attachée à la suite du temps, a inseré entre les Roys Christian, & Frederic, une longue Narration d'un voyage que Martin Forbeisser, Capitaine Anglois, entreprit pour le mesme Groenland, en l'année 1577. Cette Narration donne beaucoup plus de connoissance du Groenland, & de ses peuples, que celle que nous avons euë jusques icy. C'est pourquoy j'ay estimé à propos de vous envoyer une version de ce qu'elle en a dit.

Martin Forbeisser partit d'Angleterre pour Groenland, en l'année, comme j'ay dit, 1577. Il le descouvrit, mais ne le peut aborder cette année-là, à cause de la nuit, & des glaces, & que l'Hyver l'avoit surpris dans son voyage. Estant de retour en Angleterre, il fit le rapport de ce qu'il avoit veu, à la Reyne Elizabeth; & la Reyne crût, sur sa relation, avoir gagné cette terre inconnuë. Le Printemps revenu, elle luy donna trois vaisseaux, avec lesquels Forbeisser partit, & ayant reveu la Terre y aborda, du costé du Levant. Les habitans du lieu où il prit terre, s'enfuirent à l'abord des Anglois, & abandonnerent leurs maisons, pour se cacher, qui çà, qui là. Il y en eut qui grimperent de peur, sur les pointes des rochers les plus hauts, d'où ils se precipiterent en bas dedans la mer. Les Anglois qui ne peurent apprivoiser ces Sauvages, entrerent dans les maisons qu'ils avoient abandonnées. C'estoient proprement des Tentes, faites de peaux de veaux marins, ou de Balenes, estenduës sur quatre grosses perches, & cousuës adroittement avec des nerfs. Ils remarquerent que toutes ces tentes avoient deux portes, l'une du costé de l'Ouest, l'autre du Sud; & qu'ils s'estoient mis à couvert des Vents qui les incommodoient le plus, l'Est, & le Nord. Ils ne trouverent dans toutes ces maisons, qu'une vieille femme hideuse, & une jeune femme enceinte, laquelle ils emmencrent, avec un petit enfant qu'elle tenoit par la main. Ils les arracherent des mains de la Vieille qui heurloit horriblement. Estans sortis de là, ils costoyerent cette mer du costé de l'Est, & virent un Monstre sur l'eau, de la grosseur d'un bœuf, qui portoit au bout du muffle, une Corne longue d'une aulne & demie, Mesure de Danemarc.qu'ils crurent estre un Licorne. Ils singlerent de là, vers le Nordest, & descouvrirent une Terre qu'ils aborderent, parce qu'elle leur parut agreable. Et quoy que cette terre fust dans le continent du Groenland, ils l'appellerent, *Anauavich*, pour la pouvoir retenir sous un autre nom. Ils trouverent que cette contrée estoit sujette à des tremblemens de terre, qui renversoient de grands rochers dessus les plaines; & que le sejour en estoit dangereux. Ils ne laisserent pas de s'y arrester quelque temps, parce qu'ils rencontrerent des graviers, où l'or reluisoit abondamment, & en remplirent trois cents tonneaux. Ils firent tout ce qu'ils peurent pour apprivoiser les Sauvages de cette terre, & les Sauvages firent semblant de se vouloir apprivoiser avec eux. Ils respondirent par signes, aux signes que les Anglois leur faisoient; & leur donnerent à entendre, que s'ils vouloient aller plus haut, ils trouveroient ce qu'ils cherchoient. Forbeisser leur respondit qu'il y iroit, & s'estant mis sur une chalouppe avec quelques soldats, donna ordre à ses trois Vaisseaux de le suivre. Il costoya le rivage en haut, & ayant apperçeu quantité de Sauvages sur des rochers, apprehenda d'estre surpris. Les Sauvages qui le conduisoient de dessus la rive, reconnurent la crainte qu'il avoit euë; & pour ne le pas effaroucher, firent paroistre de dessous la digue, trois hommes beaucoup mieux faits, & mieux habillez que les autres, qui le prierent par signes, & demonstrations d'amitié, de vouloir aborder. Forbeisser alloit à eux de bonne foy, ne les voyant que trois sur le port, & des Sauvages sur des rochers assez esloignez. Mais les autres qui estoient cachez sous la digue, furent impatients quand ils virent venir Forbeisser, & se precipiterent en foule sur le port. Ce qui fit reculer Forbeisser. Mais les Sauvages ne se rebuterent point pour cela. Ils tascherent tousjours d'attirer les Anglois, & jetterent quantité de chairs cruës sur le rivage, comme s'ils eussent eu à faire à des dogues. Les Anglois n'avoient garde d'en approcher, & les Sauvages s'aviserent d'une autre ruse. Ils porterent un homme estropié, ou qui feignoit de l'estre, sur le bord de la mer; & l'ayant laissé là, ne parurent non plus de quelque temps, que s'ils se fussent retirez bien-loin de là, & tout à fait. Ils s'estoient imaginez que les Anglois, selon la coustume des

Estrangers, viendroient enlever ce miserable, qui ne se pouvoit sauver, pour leur servir de truchement. Mais les Anglois qui se douterent de la tromperie, tirerent un coup de mousquet sur le Sauvage estropié, qui se leva en sursaut, & gagna le terrain plus viste que le pas. Ce fut alors, que les Sauvages en nombre incroyable, borderent toute la digue, & tirerent sur les Anglois, une quantité prodigieuse de pierres, & de fléches, avec des fondes, & des arcs; de quoy les Anglois se moquerent, & à leur tour, firent une descharge de mousquets, & de canons, qui les escarterent en un moment.

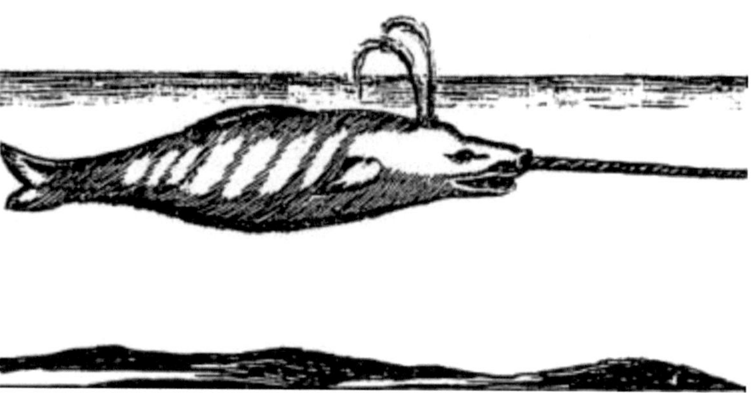

Poisson nommé par les Islandois Narwal qui porte la corne, ou dent, que l'on dit de Licorne.

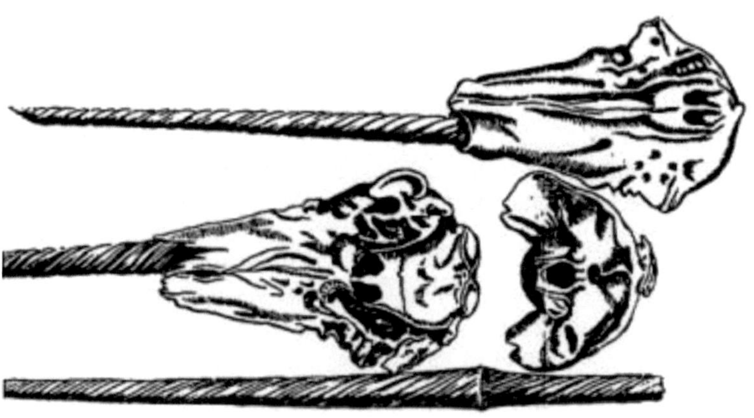

Teste du poisson Narwal, avec un tronçon de sa dent, ou de sa corne, long de quatre pieds.

SAUVAGES GROENLENDOIS.

Sauvage peschant dans son bateau.

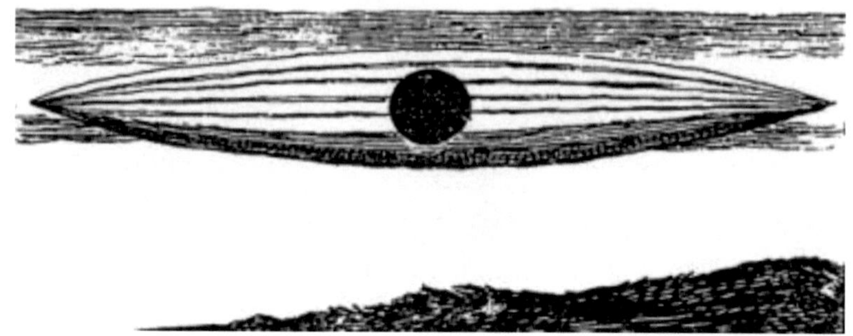

Petit bateau de Groenland.

La Relation dit, que ces Sauvages sont traitres, & farouches; & que l'on ne les peut apprivoiser, ny par caresses, ny par presens. Ils sont gras, & dispos, de couleur olivastre. On tient qu'il y en a de Noirs parmy eux, comme des Æthiopiens. Ils sont habillez de peaux de Chiens marins, cousuës de nerfs. Leurs femmes sont eschevelées. Elles renversent leurs cheveux derriere les oreilles, pour monstrer leur visages, qui sont peints de bleu, & de jaune. Elles ne portent point de cotillons, comme nos femmes, mais quantité de caleçons, faits de peaux de poissons, qu'elles chaussent les uns sur les autres. Chaque caleçon a ses pochettes, où elles fourrent leurs couteaux, leur fil, leurs aiguilles, leurs petits miroirs, & autres bagatelles, que les Estrangers leur portent, ou que la mer leur rejette, par les naufrages des estrangers qui veulent aller chez eux. Les chemises des hommes, & des femmes, sont faites d'intestins de poissons, cousus avec des nerfs fort deliez. Les habits des uns, & des autres, sont larges; & ils les sanglent avec des courroyes de peaux de poissons. Ils sont puants, salles, & vilains. Leur langue leur sert de serviette, & de mouchoir; & ils n'ont nulle honte de ce que les autres hommes ont honte. Ceux-là sont estimez riches parmy eux, qui ont quantité d'arcs, de fondes, de bateaux, & de rames. Leur arcs sont courts, & leurs fleches desliées, armées par le bout, d'os, ou de cornes aiguisées. Ils sont adroits à tirer de l'arc, & de la fonde, & à darder les poissons dans l'eau avec des javelots. Leurs petits Bateaux sont couverts de peaux de chiens marins, & il ny peut entrer qu'un homme seul. Leurs grands Bateaux sont faits de bois, attachez les uns aux autres, avec des liens de bois, & couverts de peaux de balenes, cousuës de gros nerfs. Ces bateaux portent vingt hommes pour le plus. Leurs Voiles sont faites de mesme que leurs chemises, d'intestins de poissons, cousus de plus petits nerfs. Et quoy qu'il n'y ait point de fer dans ces bateaux, ils sont liez avec tant d'adresse, & de force, qu'ils s'engagent librement dessus, en pleine mer, & ne se soucient point des orages. Il n'y a point de Beste venimeuse dedans leur terre, que des Aragnées. Ils ont des Cousins en grand nombre, qui piquent asprement, & leur piqueure fait des esleveures difformes sur le visage. Ils n'ont point d'eau douce, que celle qu'ils reservent des neges fonduës. Le Chroniqueur tient, que le grand froid, qui serre les venes de la terre, bouche le passage des Sources. Ils ont des Chiens extraordinairement grands, qu'ils attellent à leurs Traineaux, & s'en servent comme on se sert ailleurs de chevaux.

C'est la fin de cette Narration; & je ne sçay si le Chroniqueur Danois l'a tirée de la Relation Angloise de Martin Forbeisser, ou s'il l'a escrite sur le recit qu'il en a ouy faire; à l'exemple de ces anciens Danois, qui composoient les Histoires de leur temps, sur des Vaudeville.

Revenons aux Roys de Danemarc. Christian IV. à present regnant, fils de Frederic II. prit à cœur le Groenland, & se resolut de le trouver, quoy que son pere, & son ayeul, l'eussent tenté inutilement. Pour reüssir dans ce dessein, il fit venir d'Angleterre un Capitaine, & Pilote expert, qui avoit la reputation de sçavoir tres-bien cette mer, & cette route. Estant pourveu de ce pilote, il equippa trois bons navires, sous la conduite de Gotske Lindenau, Gentilhomme Danois, leur Admiral; qui partit du Sundt aux premieres chaleurs de l'année 1605. Les trois vaisseaux voguerent ensemble quelque temps. Mais comme le Capitaine Anglois eut atteint la hauteur qu'il cherchoit, il prit la route du Sudouest, de peur des glaces, pour aborder le Groenland avec plus de facilité, & moins de peril. Et le chemin qu'il prit avoit du rapport avec l'ancienne route d'Islande, que je vous ay alleguée, en ce qu'elle donne le mesme advis. L'Amiral Danois, croyant que le Capitaine Anglois ne devoit pas prendre cette route du Sudouest, continua la sienne droit vers le Nordest, & arriva seul de son costé, en Groenland. Il n'eut pas plustost moüillé l'ancre, que quantité de Sauvages, qui l'avoient descouvert du haut de la rive où ils estoient, sauterent dans leurs petits bateaux, & le

vindrent voir dans son vaisseau. Il les receut avec grande joye, &
leur presenta de bons vins à boire; mais les Sauvages les trouverent
amer, & firent laide grimace en les beuvant. Ils virent des graisses
de balene, qu'ils demanderent; & on leur en versa de grands pots,
qu'ils avalerent avec plaisir, & avidité. Ces barbares avoient porté
des peaux de renards, d'ours, de veaux marins, & un grand nombre
de cornes, que le Chroniqueur appelle precieuses, en pieces, bouts,
& tronçons, qu'ils troquerent avec des aiguilles, des couteaux, des
miroirs, des agraffes, & autres semblables vetiles, que les Danois
avoient estallées. Ils se moquoient de l'or, & de l'argent monoyé qui
leur estoit offert, & tesmoignoient une passion extréme pour des
ouvrages d'acier, car ils l'ayment sur toutes choses; & donnoient
pour en avoir, ce qu'ils avoient de plus cher, leurs arcs, & leurs
fleches, leurs bateaux, & leurs rames; & quand ils n'avoient rien plus
à donner, ils se despoüilloient, & bailloient leurs chemises. Gotske
Lindenau demeura 3. jours à cette rade, & la Chronique ne dit point
qu'il y mit pied à terre. Il n'osa pas, sans doute, hazarder une descente, ny exposer le petit nombre de ses gens, à la multitude in-
comparablement plus grande des Sauvages de cette contrée. Il leva
l'ancre, & partit le quatriéme jour; mais avant partir, il retint deux
Sauvages dans son vaisseau, qui firent tant d'efforts, pour se defaire
des mains des Danois, & s'eslancer dedans la mer, qui les falut lier
pour les arrester. Ceux qui estoient à terre, voyans garroter, & em-
mener les leurs, jetterent des cris horribles, & un nombre espou-
ventable de pierres, & de fleches, contre les Danois; qui leur
lacherent un coup de canon, & les escarterent. L'Admiral retourna
seul en Danemarc, comme il estoit arrivé seul à l'endroit qu'il avoit
abordé.

Le Capitaine Anglois, suivy de l'autre navire Danois, entra dans
le Groenland, comme dit le Chroniqueur, a l'extremité de la terre
qui respond au Couchant; & cette extremité ne peut estre que le cap
Faruel. Aussi est-il certain qu'il entra dans le golfe Davis, & costoya
la terre de l'Est de ce golphe. Il descouvrit quantité de bons ports, de
beaux pays, & de grandes plaines verdoyantes. Les Sauvages de
cette contrée troquerent avec luy, comme les Sauvages de l'autre
avoient troqué avec Gotske Lindenau. Ceux-cy tesmoignerent estre
beaucoup plus deffians, & timides, que les autres; car ils n'avoient
pas plustost receu ce qu'ils avoient troqué avec les Danois, qu'ils

s'enfuyoient à leurs bateaux, comme s'ils l'eussent derobé, & que l'on eust couru apres. Les Danois eurent envie de mettre pied à terre à quelqu'un de ces Ports, & s'armerent pour cela. Le pays leur parut assez beau, à l'endroit où ils descendirent, mais sablonneux, & pierreux, comme celuy de Norvegue. Ils jugerent par les fumées de la terre, qu'il y avoit des mines de souffre, & trouverent grand nombre de pierres de mine d'argent, qu'ils porterent en Danemarc, où l'on tira de cent pesant de pierre, vingt-six onces d'argent. Ce Capitaine Anglois, qui trouva tant de beaux Ports tout le long de cette coste, leur donna des noms Danois, & en fit une carte, avant partir de là. Il fit prendre aussi quatre Sauvages des mieux faits que les Danois purent attrapper; & l'un de ces quatre devint si enragé de se voir pris, que les Danois ne le pouvant trainer, l'assommerent à coups de crosses de mousquets; ce qui intimida les autres trois, qui suivirent volontairement. Il se forma en mesme temps un corps de Sauvages, pour venger la mort de l'un, & recourre les autres. Ils couperent chemin aux Danois, entre la mer, & eux, pour livrer combat sur le port, & les empescher de s'embarquer: mais les Danois firent une descharge de mousquets, & leurs navires, de canons; si à propos, que les Sauvages estonnez du bruit, & du feu, s'enfuyrent çà, & là, & laisserent le passage libre aux Danois; qui remonterent sur leurs vaisseaux, leverent les ancres, & retournerent en Danemarc, avec les trois Sauvages, qu'ils presenterent au Roy leur maistre, qui les trouva beaucoup mieux faits, & plus polis, que les deux que Gotske Lindenau avoit amenez; differents d'habits, de langage, & de mœurs.

Le Roy de Danemarc satisfait de ce premier voyage, se resolut pour le second; & renvoya l'année d'apres 1606. le mesme Gotske Lindenau, avec cinq bons vaisseaux, en Groenland. Cét Admiral partit du Sunt le 8. jour du mois de May, & mena avec luy les trois Sauvages que le Capitaine Anglois avoit pris dans le golfe Davis, pour luy servir d'adresse, & de truchement. Ces pauvres innocens témoignerent une joye nompareille de leur retour en leur pays. Un d'eux mourut de maladie en pleine mer, & fut jetté hors le bord. Gotske Lindenau tint la route de l'Amerique, que le Capitaine Anglois avoit tenuë, qui est celle du Sudouest, & du golfe Davis, par le cap Faruel. Un de ces cinq navires s'esgara par les broüillards, & les quatre arriverent en Groenland, le 3. d'Aoust. A la premiere rade où les Danois moüillerent l'ancre, les Sauvages se monstrerent en grand nombre sur le rivage, mais ne voulurent point trafiquer; & comme ils tesmoignerent de se défier des Danois, les Danois ne se voulurent point fier à eux. Ce qui les obligea de changer de poste, & de monter plus haut, où ils trouverent un port plus beau que le premier, mais des Sauvages d'aussi mauvaise humeur que les premiers; car ils regardoient les Danois avec défiance, & intention de les combattre, en cas qu'ils voulussent mettre pied à terre. Les Danois qui ne voulurent non plus se fier à ceux-cy, qu'aux autres, n'y hazarder une descente, allerent plus avant; & comme ils costoyoient la terre, & que les Sauvages les costoyoient aussi avec leurs petits bateaux; les Danois surprirent à diverses fois, & menerent à leurs bords, six de ces Sauvages, avec leurs bateaux, & les petits equipages qui estoient dedans. Il advint que les Danois ayans moüillé l'ancre à une troisiéme rade, un valet de Gotske Lindenau, soldat hardy, & entreprenant, pria instamment son maistre de luy permettre de descendre seul, pour reconnoistre ces Sauvages. Il luy dit, qu'il tascheroit, ou de les apprivoiser par les marchandises qu'il leur porteroit, ou de se sauver, en cas qu'ils eussent quelque mauvais dessein contre luy. Le maistre se laissa vaincre par l'importunité de son valet. Mais le valet n'eut pas mis pied à terre, qu'il fut tout d'un temps, saisi, tué, & mis en pieces par les Sauvages; qui se retirerent du port apres cette action, & se mirent à couvert du canon des Danois. Les couteaux & les espées de ces Sauvages, sont faites de cornes, ou de dents, de ces poissons que l'on appelle Unicornes, esmouluës, & aiguisées, avec des pierres; & ne tranchent pas moins que si elles estoient de fer, & d'acier. Gotske Lindenau voyant qu'il n'y avoit rien à faire pour luy en ce pays-là, tourna voile en Danemarc; & un de ses prisonniers Groenlandois, eut un si grand regret de quitter son pays, qu'il se jetta de desespoir dedans la mer, & se noya. Les Danois trouverent en revenant le cinquiéme navire qui s'estoit esgaré en allant; mais ils ne furent que cinq jours ensemble, car une tempeste qui se leva les escarta tous cinq, & ils ne purent se rejoindre qu'un mois apres que l'orage finit. Ils arriverent à Coppenhague, apres beaucoup de peine, & de peril, le 5. jour d'Octobre suivant.

Le Roy de Danemarc entreprit le troisiéme & dernier voyage qu'il a fait faire en Groenland, avec deux grands Vaisseaux, sous le commandement d'un Capitaine du pays de Holstain, nommé *Karsten Richkardtsen*, à qui il donna des matelots de Norvegue, & d'Islande, pour luy servir de guide, & de conduite. La Chronique dit, que ce Capitaine partit du Sundt, le 13. du mois de May, sans marquer l'année, que je n'ay peu jamais sçavoir. Le huitiéme jour du mois de Juin suivant, il descouvrit les sommets des montagnes de Groenland; mais il ne pût aborder la terre, à causes des glaces qui y estoient attachées, & qui s'estendoient bien avant dans la mer. Il y avoit dessus ces glaces, d'autres glaces si haut amoncelées, qu'elles sembloient de grands rochers. Et le Chroniqueur remarque en cét endroit, qu'il y a des années que les glaces de Groenland ne se fondent point en Esté. Le Capitaine Holstainois fut contraint de revenir sans rien faire; & ce qui l'obligea encore plus à cela fut, que son second navire s'estoit escarté du sien, dans une tempeste qui les avoit separées; & qu'il estoit seul lors qu'il aborda les glaces. Le Roy de Danemarc receut ses excuses, & l'impossibilité qu'il allegua.

Vous me demanderez, que sont devenus les quatre premiers Sauvages, & les cinq derniers, qui estoient restez des deux premiers voyages. Je vous en feray icy une petite Histoire; & vous diray, Monsieur, que le Roy de Danemarc establit des Personnes, qui eurent un soin particulier de les nourrir, & de les garder; de telle sorte neantmoins, qu'ils avoient la liberté d'aller par tout où ils vouloient. On les nourrissoit de laict, de beurre, & de fromage; de chairs cruës, & de poissons cruds; de la mesme façon qu'ils vivoient en leur pays; parce qu'ils ne se pouvoient accoustumer à nostre pain, & à nos viandes cuittes; moins encore au vin, & qu'ils ne beuvoient quoy que ce soit de si bon cœur, que de grands traits d'huyle, ou de graisse de Balene. Ils tournoient souvent la teste vers le Nord, & souspiroient avec tant d'amour pour leur patrie, que leur garde estant relaschée, ceux qui se peurent saisir de leurs petits bateaux, & de leurs rames, se mirent en mer pour en hazarder le traiect. Mais un orage qui les surprit, à dix, ou douze lieuës du Sundt, les rejetta sur les costes du Schone, où des Païsans les prirent, & les ramenerent à Coppenhague. Ce qui obligea leurs gardes de les observer avec plus de soin, & de leur donner moins de liberté. Mais ils devenoient malades, & mouroient de langueur.

Il en restoit cinq de vivans, & de sains, lors qu'un Ambassadeur d'Espagne arriva en Danemarc. Le Roy de Danemarc, pour le diver-

tir, luy fit voir ces Sauvages, & luy donna le passe-temps de l'exercice de leurs petits bateaux dessus la mer. Pour bien comprendre la
forme, ou la façon, de ces bateaux; representez-vous, Monsieur,
comme une Navette de Tisseran, de dix ou douze pieds de long;
faite de bastons de balene, larges, & espais, d'un doigt ou environ;
couverts dessus & dessous, comme les bastons d'un Parasol, de
peaux de chiens, ou de veaux marins, cousuës de nerfs. Que cette
machine est ouverte en rond par le milieu, de la largeur d'un
homme à l'endroit des flancs, & qu'elle s'estressit en pointe par les
deux bouts, à proportion de ce qu'elle est grosse par le milieu. Que
la force, & l'adresse, de sa structure, consiste aux deux bouts, où ces
bastons de balene sont joints, & liez ensemble; à l'ouverture, qui est
le cercle de dessus, à la circonference duquel tous les bastons de
dessus se vont rendre; & au demy-cercle de dessous, qui est attaché
au cercle de dessus, comme une anse renversée à son panier. Fig-
urez-vous que par ce demy-cercle, passent, ou aboutissent, les
bastons de dessous, & ceux des costez; Et que le tout est si bien lié,
si bien cousu, & si bien tendu; qu'il est capable par sa legereté, &
l'adresse dont il est composé, de soustenir les efforts d'un orage en
pleine mer. Les Sauvages s'assoient au fond de ces bateaux, par
l'ouverture de dessus, les pieds tendus vers l'un, ou l'autre, des
deux bouts; bouchent cette ouverture avec le bas de leurs camisoles,
faites de peaux de chiens, ou de veaux marins, qu'ils sanglent par
dessus; se serrent les poignets des manches; s'embeguinent, & se
brident avec des coëffes, attachées au bout de leurs camisoles; de
telle sorte qu'encore que l'Orage les renverse, & les culbute dedans
la mer (comme il arrive assez souvent) l'eau ne sçauroit entrer par
aucun endroit, ny de leurs bateaux, ny de leurs habits. Ils remontent
tousjours sur l'eau, & se sauvent d'une tempeste, beaucoup mieux
que s'ils estoient dedans un grand navire. Ils ne se servent que d'une
petite Rame, de cinq à six pieds de long, platte & large par les deux
bouts, d'un demy-pied, ou environ: Ils l'empoignent avec les deux
mains, par le milieu, qui est rond. Elle leur sert de contrepoids, pour
les tenir en equilibre; & de double rame, pour nager des deux
costez. Ce n'est pas sans raison que j'ay comparé ces Bateaux à des
Navettes, car les Navettes, qui partent de la main des Tisserans les
plus adroits, ne coulent pas plus viste sur le mestier, que ces bateaux, maniez avec ces rames, par l'adresse de ces Sauvages, coulent
dessus l'eau. L'Ambassadeur d'Espagne fut ravy de voir faire cét

exercice aux cinq Sauvages du Roy de Danemarc. Ils se croisoient, & s'entrelassoient avec tant de vitesse, que la veuë en estoit troublée; & tant d'adresse, que pas un d'eux ne se touchoit. Le Roy voulut esprouver la vistesse d'un de ces petits Bateaux, contre une Chalouppe, equipée de seize bons rameurs; mais la chaloupe eut de la peine à suivre le bateau. L'Ambassadeur envoya une somme d'argent à chaque Sauvage en particulier, & chacun d'eux employa son argent à se faire habiller à la Danoise. Il y en eut qui mirent de grandes plumes à leurs chapeaux, se botterent, & esperonnerent, & firent dire au Roy de Danemarc, qu'ils le vouloient servir à cheval.

Cette belle humeur ne leur dura pas long-temps, car ils retomberent dans leur melancholie ordinaire; & comme ils ne songeoient qu'aux moyens de retourner en Groenland, deux de ceux qui s'estoient mis en mer, & que l'orage avoit rejettez en Schone; que l'on soubçonnoit moins que les autres, en ce que l'on ne croyoit pas qu'ils se deussent exposer une seconde fois au peril qu'ils avoient couru, se saisirent de leurs bateaux, & regagnerent le Nord. On courut apres, & ils furent joints prés de l'emboucheure de la mer; mais on n'en peut attrapper qu'un, & l'autre se sauva, c'est à dire se perdit; car il n'y a pas d'apparence, qu'il soit jamais arrivé en Groenland. On avoit remarqué de ce Sauvage, qu'il pleuroit, toutes les fois qu'il voyoit un enfant, au col de sa mere, ou de sa nourrisse. On jugeoit par là, qu'il estoit marié, & qu'il regrettoit sa sa femme, & ses enfans. Ceux qui estoient retenus à Coppenhague, furent resserrez plus estroittement que de coustume; ce qui ne fit qu'accroistre le desir qu'ils avoient de revoir leur patrie, & le desespoir d'y retourner jamais.

Ils moururent presque tous de ce regret, & il ne resta que deux de ces malheureux Groenlandois, qui vescurent dix, ou douze ans, en Danemarc, apres la mort de leurs compagnons. Les Danois firent ce qu'ils peurent pour leur persuader de vivre, & leur donnerent à entendre, qu'ils seroient traittez parmy eux, comme leurs amis, & leurs compatriotes; ce qu'ils tesmoignerent gouster en quelque façon. On tascha de les faire Chrestiens, mais ils ne peurent jamais apprendre la langue Danoise; & la Foy estant de l'oüye, il fut impossible de leur faire comprendre nos mysteres. Ceux qui prenoient garde de plus pres à leurs actions, leur voyoient souvent lever les yeux au ciel, & adorer le Soleil levant. L'un d'eux mourut de maladie à Kolding, en Jutland, pour avoir pesché des perles en Hyver. Vous noterez, Monsieur, que les Moules de Danemarc sont pleines de semences de perles imparfaites, & que ceux qui en mangent, ne trouvent presque autre chose que de cette sorte de gravier dessous les dents. On pesche de ces moules en abondance dans la riviere de Kolding. Il y en a qui ont des perles fines, quantité de petites, & quelques-unes d'assez grosses, & rondes. Ce Groenlandois avoit fait connoistre que l'on peschoit des perles en son pays, & qu'il estoit expert en cette pesche. Le Gouverneur de Kolding le mena avec luy dans son gouvernement, & luy donna de quoy s'exercer dans la riviere qui porte des perles. Le Sauvage y reüssit à merveilles, car il alloit sous l'eau comme un poisson, & n'en revenoit point sans moules qui eussent des perles fines. Ce gouverneur se persuada, que si cela continuoit, il mesureroit bien-tost les perles au boisseau. Mais son avidité luy fit perdre son esperance, parce que l'Hyver le surprit, & que ne se voulant pas donner la patience d'atendre que l'Esté fust revenu, pour continuer sa pesche, il envoyoit ce pauvre Sauvage à l'eau, comme un barbet, & le fit plonger si souvent dans les glaçons, qu'il en mourut. Son camarade ne se peut consoler de cette perte. Il trouva moyen, aux premiers beaux jours du Printemps, d'avoir par adresse un de ses petits bateaux, se mit secretement dedans, & passa le Sundt, avant que l'on se fust apperçeu de sa fuitte. Il fut suivy en diligence; mais comme il avoit le devant, on ne le peut atteindre qu'à 30. ou 40. lieuës dedans la mer. On luy fit entendre par signes, qu'il n'auroit jamais sçeu trouver le Groenland, & qu'infailliblement il auroit esté englouty des vagues. Il respondit par signes, qu'il auroit suivy la coste de Norvegue, jusques à une certaine hauteur, d'où il auroit pris la traverse; & se seroit conduit par les Estoilles dans son païs. Estant de retour à Coppenhague, il tomba en langueur, & mourut.

Voila quelle a esté la fin de tous ces malheureux Groenlandois. Ils estoient, comme je vous ay despeint les Lappes, de petite taille, & larges de quarreure; *forti pectore, & armis*; bazanez, camus, & comme tels, ils avoient les levres grosses, & relevées. Les despoüilles de leurs bateaux, de leurs rames, de leurs arcs, de leurs fleches, de leurs fondes, & de leurs habits, sont demeurées en Danemarc. Nous avons veu à Coppenhague deux de ces Bateaux, avec leurs rames; l'un chez M. Vormius, & l'autre chez l'hoste de Monsieur l'Ambassadeur. Leurs habits faits de peaux de chiens, & de veaux marins, leurs chemises d'intestins de poissons, & une de leurs camisoles, faite de peaux d'oyseaux, avec leurs plumes de diverses couleurs, sont penduës par rareté dans le Cabinet de M. Vormius, avec leurs arcs, & leurs fleches, leurs fondes, leurs couteaux, leurs espées, & les javelots, dont ils se servent à la pesche, armez de mesme que leurs fleches, de cornes, ou de dents, aiguisées. Nous y avons veu un Kalandrier Groenlandois, composé de 25. ou 30. petits fuseaux, attachez à une courroye de peau de mouton, qui n'est à l'usage de qui que ce soit, que des originaires Groenlandois.

Le Roy de Danemarc fut rebuté du Groenland, & n'y envoya plus. Mais des Marchands de Coppenhague entreprirent cette navigation, & formerent une Compagnie, qui subsiste encore sous le nom de *Compagnie du Groenland*, dans laquelle ils engagerent des personnes de condition. Cette Compagnie y envoya deux navires, en l'année 1636. Ces navires allerent dans le golfe Davis, & à cette partie du Groenland nouveau, qui est sur la coste de ce golfe. Ils n'eurent pas moüillé l'ancre, que huit Sauvages allerent à eux, avec leurs petits bateaux. Ils estoient sur le tillac, où les Danois d'un costé, avoient deployé leurs couteaux, leurs miroirs, leurs aiguilles, &c. & les Sauvages de l'autre, leurs peaux de renards, de chiens, & de veaux marins, & quantité de cornes, que l'on appelle de Licornes; lors que, sans autre dessein, un coup de canon fut tiré du vaisseau, pour quelque santé qui se beuvoit. Les Sauvages espouvantez du bruit, & de la secousse, coururent aux bords du navire, qui d'un costé, qui de l'autre, & s'eslancerent dedans la mer; d'où ils ne leverent la teste, qu'à deux, ou trois cents pas du vaisseau. Les Danois surpris de la nouveauté de ce fait, firent signe à ces Sauvages, qu'ils revinsent, & les asseurerent qu'il ne leur seroit fait aucun mal; ce que les Sauvages creurent. Ils revindrent au navire, apres qu'ils furent revenus de la peur, qu'ils ne virent plus de fumée, & que l'air se fut remis dans sa premiere tranquillité. Leur façon de trafiquer est telle. Ils choisissent ce qui est de leur fantaisie dans les marchandises estrangeres, & en font un blot; Ils font un autre blot, des marchan-dises qu'ils veulent donner, pour celles qu'ils ont choisies; & les uns, & les autres, adjoustent à ces blots, ou en ostent, jusques à ce qu'ils soient d'accord. Sur le temps que les Danois trafiquoient avec ces Sauvages, ils virent de leur navire, un de ces Poissons qui portent des cornes, que l'on dit de Licornes, couché sur l'herbe du rivage, ou le retour de la marée l'avoit laissé à sec. On tient que c'est la coustume des Veaux marins de se retirer sur l'herbe, & que ces poissons, qui sont comme de grands Bœufs marins, ont cette coustume aussi. Les Sauvages se jetterent en foule dessus ce poisson, le tuërent, & mirent en pieces sa corne, ou sa dent, qu'ils vendirent sur l'heure mesme aux Danois. Ce poisson, qui est hors de defense sur la terre, est extrémement farouche dedans la mer. Il est à la Balene, ce que le Rinoceros est à l'Elephant. Il se bat contre elle, & la perce avec sa dent, qui luy sert de lance. On dit qu'il en a heurté des navires avec tant de force, qu'ils se sont ouverts, & ont coulé à fonds.

Mais un commerce de bagatelles, n'estoit pas le principal sujet qui avoit obligé les Danois à ce voyage. Le Pilote qui les conduisoit avoit reconnu une Rive sur cette coste, dont le sable estoit de la couleur, & de la pesanteur de l'or. Il courut en diligence à cette rive, & ayant remply son vaisseau, de ce sable, dit à ces compagnons, qu'ils estoient tous riches, & fit voile en Danemarc. Monsieur le grand Maistre de ce Royaume, qui est le chef de cette Compagnie, & qui l'avoit principalement formée, pour reconnoistre ce Pays, y faire descente, & le visiter à loisir, fut estonné d'un retour si soudain; & le Pilote eschauffé, luy vint dire, qu'il avoit une Montagne d'or dans son vaisseau. Mais il avoit à faire à un homme qui n'est pas de legere croyance. Il se fit apporter de ce Sable, & l'ayant fait examiner par les Orfevres de Coppenhague, ces Orfevres n'en sçeurent tirer pas un petit grain d'or. Monsieur le grand Maistre, outré de ce que ce pauvre Pilote s'estoit laissé dupper; pour faire voir qu'il n'y avoit nulle part, luy commanda d'aller en diligence au Sundt, où estoit son vaisseau, d'en lever l'ancre, & de se mettre en pleine mer Baltique, pour y ensevelir son or, & sa folie, & qu'il ne fut jamais parlé de l'un, ny de l'autre. Le Pilote fut contraint d'obeyr; & soit, qu'il creust avoir jetté tout son bien dedans la mer, ou qu'il se veid descheu de cette haute esperance de richesse, qu'il avoit conçeuë, il est certain qu'il mourut bien-tost apres, de l'un, ou de l'autre desplaisir. Monsieur le grand Maistre n'est pas à se repentir du commandement si prompt qu'il fit à ce Pilote; car il m'a dit que l'on a trouvé depuis dans les minieres de Norvegue, du sable pareil à celuy de Groenland, dont je viens de vous parler; & qu'un Orfevre intelligent dans les mineraux, & les minieres, qui leur est arrivé depuis ce temps-là à Coppenhague, en a tiré de tres-bon or, & en quantité, à proportion du sable. Il fut porté à cette precipitation par l'ignorance des autres Orfevres, qui n'auroient non plus sçeu tirer de l'or, de la matiere mesme d'où il se tire dans le Perou, que de ce sable. C'est le dernier voyage qui a esté fait au Groenland nouveau; & c'est de ce voyage que fut apporté ce grand bout de corne, que le Medecin du grand Duc de Moscovie dit estre une dent de poisson. L'hoste de Monsieur l'Ambassadeur à Coppenhague, qui est de cette Compagnie, nous a fait voir cette piece, qu'il estime six mille risdalles. Les Danois avant que de partir du Groenland, avoient retenu, & attaché, deux Sauvages dans leur vaisseau, pour les mener en Danemarc. Ils les deslierent en pleine mer; & ces enragez amoureux de leur patrie, se voyans libres, se jetterent dedans la mer, pour retourner à la nage en leur pays. Il y a de l'apparence qu'ils se sont noyez en chemin, car ils en estoient trop esloignez.

Je vous ay escrit jusques-icy, tout ce que j'ay peu apprendre, de l'un & de l'autre Groenland, du vieux, & du nouveau. Du vieux, que les Norvegues ont habité; du nouveau, que les Norvegues, les Danois, & les Anglois, ont descouvert en recherchant le vieux. Les passages du trajet d'Islande au vieux Groenland, ont esté vraysemblablement bouchez, par la cheute des glaces que les rudes hyvers, & les vents impetueux du Nordest, ont chassées de la mer glaciale, & amoncelées dans cette manche. Si bien que les matelots, qui n'ont peu tenir cette ancienne route, ont esté contraints de suivre celle qui les a menez au cap Faruel, & au golfe Davis; dont la rive qui respond au Levant, est ce que l'on appelle, *Nouveau Groenland*. Or il est croyable que les anciens passages d'Islande en Groenland ont esté bouchez, par l'experience qui nous fait voir que la route en a esté perduë. Et la Chronique Islandoise que je vous ay rapportée cy-dessus, nous en donne une prevue plus certaine, au chapitre de cette navigation, où il est escrit; Que l'on trouve à moitié chemin d'Islande en Groenland, *Gondebiurne Skeer*, qui sont de petites Isles de rochers, semées dans cette mer, & habitées par des Ours, où les glaces se sont vray-semblablement arrestées, & si fort attachées, que le Soleil ne les ayant peu fondre, elles s'y sont, par succession de temps, comme petrifiées; de sorte que ce chemin ayant esté fermé, la communication que l'on avoit avec le vieux Groenland, a esté fermée aussi; d'où vient que l'on n'en a peu sçavoir depuis nouvelles quelconques, ny que sont devenus les pauvres Norvegues qui l'ont habité. Il y a de l'apparence que la mesme Peste noire, qui ravagea les peuples du Nord, environ l'an 1348. & qui leur fut portée infailliblement, de Norvegue, les a devorez comme les autres. Je croyrois volontiers que Gotske Lindenau, qui tint, comme je vous ay dit, la route du Nordest, dans son premier voyage, avoit rencontré le vieux Groenland, ou s'en estoit approché; & me persuaderois de mesme, que les deux Sauvages qu'il amena de cét endroit, estoient peut-estre descendus de ces anciens Norvegues dont nous recherchons les restes. Mais quantité de personnes qui les ont veus, & pratiquez, à Coppenhague, m'ont asseuré, que ceux-cy, non plus que les autres qui furent menez du golfe Davis, quoy que differens entre-eux, de langage, & de mœurs, n'avoient pourtant rien de commun pour ce méme langage, ny pour ces mémes mœurs, avec le Danemarc, & la Norvegue; & que le langage de ces Sauvages estoit si different de celuy de ce monde, que les Danois, & les Norvegues, n'y pouvoient rien comprendre. La Chronique Danoise remarque notamment, que les trois Sauvages que le pilote Anglois amena du golfe Davis, parloient si viste, & bredoüilloient si fort, qu'ils ne prononçoient quoy que ce fust distinctement, excepté ces deux mots, *Oxa indecha*, dont on n'a jamais sçeu la signification. Il est certain que ce que nous appellons le vieux Groenland, n'a esté qu'une petite partie de toute cette grande Terre septentrionale, que je vous ay descrite; que ç'a esté la rive la plus proche du traiect de l'Islande, & que les Norvegues qui l'ont habitée, ne se sont pas engagez dedans la terre; non plus que ceux qui ont descouvert le nouveau Groenland, qui n'en ont effleuré que les ports, & les rivages; & comme vous l'avez peu remarquer, ne se sont presque pas hazardez d'y mettre pied à terre. Monsieur le grand Maistre de Danemarc m'a dit, que les Danois du dernier voyage du Groenland, qui fut fait en 1636. s'estans informez par signes, des Groenlandois avec lesquels ils trafiquerent, s'il y avoit des hommes faits comme eux, au delà des montagnes qu'ils voyoient dedans la terre, à dix ou douze lieuës de la mer; ces Sauvages leur avoient respondu par signes, & demonstrations, qu'il y avoit plus d'hommes au delà de ces montagnes, qu'il n'y avoit de cheveux dessus leurs testes; que c'estoient de grands hommes, qui avoient de grands arcs, & de grandes fleches, & qu'ils tuoient tous ceux qui s'en approchoient. Or ces hommes, non plus que la terre, qu'ils habitent, n'ont jamais esté connus de qui que ce soit, dont l'Histoire soit venuë à nostre connoissance; & tout le Groenland est, comme je vous ay desja dit, sans comparaison plus grand, que ce que les Norvegues, les Danois, & les Anglois, en ont descouvert.

Je me suis engagé à l'entrée de ce discours, de vous faire voir deux choses. La premiere, qu'il n'est pas constant que le Groenland soit continent avec l'Asie, du costé de la Tartarie. La seconde, qu'il soit continent avec l'Amerique. Pour le premier, je vous diray que l'on n'a sçeu encore percer les glaces de la Nova Zembla, pour sçavoir s'il y a un passage par là, dans la mer du Levant; & qu'il a esté inutilement tenté jusques-icy, par les matelots les plus determinez dont nous ayons ouy parler. Cette navigation qui a rebuté les meilleurs pilotes du Nord, a limité leurs courses au Spitsberg, que les Danois content entre les terres du Groenland; ou se fait la grande pesche des Balenes, & où nos Basques, & les Hollandois, font des voyages tous les ans. Il importe que je vous die en cét endroit, ce que Monsieur le grand Maistre de Danemarc m'a appris de cette Terre, & de cette Mer. Il ne s'est pas contenté de me le dire de vive voix, il m'a fait la grace de me l'escrire; & j'espere de vous faire voir quelque jour sa lettre, que je conserve comme une marque glorieuse de sa faveur, & de sa generosité. Mais, qu'ay-je dit de vous faire voir quelque jour sa lettre? J'espere que vous verrez bien-tost Son Excellence, mesme; car nous venons d'apprendre qu'il est party de Coppenhague pour aller en France, Ambassadeur Extraordinaire du Roy de Danemarc son maistre. Qu'il en est party, luy, & Madame la Comtesse Eleonor sa femme, fille du Roy de Danemarc, dont le merite respond à la naissance, & qui a eu le partage des Vertus Royales. C'est ce Heros, de qui j'escrivis les rares qualitez à nostre cher amy M. Bourdelot, lors que je luy manday ce qui se passa au pont de Brensbro, où se fit l'entreueuë celebre des Plenipotentiaires de Suede, & de Danemarc, pour la paix de ces deux Royaumes, que nostre Illustre Ambassadeur a si glorieusement achevée. Ce fut là que se virent les deux premiers hommes du Nord, le grand Maistre de Danemarc, dont je vous parle, & le grand Chancelier de Suede. Ils se regarderent l'un l'autre avec fierté, & veneration. Et ç'a esté un ouvrage digne de nostre Ambassadeur, veritablement Extraordinaire, qui a fait la paix de ces deux peuples, d'avoir fait l'amitié de ces deux grands Hommes. Je vous parleray une autre fois du grand

Chancelier de Suede, & ce n'est pas mon dessein de faire icy le Pan-
egyrique du grand Maistre de Danemarc. Je me contenteray de vous
dire, que quand vous aurez veu ce grand Ministre, vous jugerez, &
de son cœur, qui est si noble; & de son esprit, qui est si relevé; & de
sa mine, qui est si haute; qu'il est non seulement capable de soustenir des Couronnes par ses Conseils, mais qu'il a une Teste à porter
celle d'un Empire. Adjoustez à toutes ces Vertus heroïques, qu'il est
Philosophe accomply; qu'il n'ayme, ny la vanité, ny la pompe; qu'il
n'a que des sentimens tres-genereux, & que les douceurs de sa con-
versation sont incomparables. Son Excellence avoit à son service un
Gentilhomme Espagnol, nommé Leonin, Naturaliste sçavant, &
curieux, qu'il envoya en Spitsberg, pour luy dire à son retour ce
qu'il en auroit veu, & connu. Voicy brievement le rapport qu'il luy
en fit. Ce pays est au 78. degré d'elevation, & veritablement nommé
Spitsberg, à cause des montagnes aiguës, qui sont comme semées, ou
plantées, dessus. Ces montagnes sont composées, de graviers, & de
certaines petites pierres plattes, semblables à des petites pierres
d'ardoise grise, entassées les unes sur les autres. Elles se forment de
ces petites pierres, & de ce gravier, que les vents amoncellent, où
que les vapeurs eslevent. Elles croissent à veuë d'œil, & les matelots
en descouvrent tous les ans de nouvelles. Leonin s'estant engagé
assez avant dedans la Terre, ne trouva que de cette sorte de montagnes aiguës, dont le pays est tout couvert, & ne rencontra chose
quelconque sur son chemin, que des Renes qui paissoient. Il fut
neantmoins estonné de voir tout au haut d'une de ces montagnes, &
à une lieuë de la mer, un petit mast de navire, qui avoit une poulie
attachée à un de ses bouts; & ayant demandé aux matelots qu'il
avoit menez, qui avoit porté là ce mast; ils luy respondirent, qu'ils
ne sçavoient, & qu'ils l'avoient tousjours veu là. Il est croyable que
la mer avoit passé autrefois prés de cette montagne, & que c'estoit
un reste de quelque vieux naufrage. On y trouve des prairies, mais
l'herbe y est si courte, qu'à peine la peut-on appercevoir hors de la
terre, ou hors des pierres; car à proprement parler, cette terre n'a
point de terre, mais des petites pierres; entre lesquelles, & cette petite herbe, croist une sorte de mousse, semblable à celle qui croist
sur les arbres de nos climats, dont les Renes de ce pays-là se nourrissent, & deviennent si grasses, que Monsieur le grand Maistre s'en
est fait apporter, qui avoient quatre doigts de lard. Ce pays est inhabité, & inhabitable, à cause du froid. Car encore que le Soleil ne

s'y couche point durant quatre mois, & que durant six semaines, il ne s'abbaisse que jusques à trois aulnes de l'Horison; suivant la façon de parler Danoise, conforme à la mesure du ciel de Virgile. C'est à dire. Encore qu'à la minuit (s'il faut ainsi parler) de ce païs-là; le Soleil durant six semaines, ne s'approche, comme en se couchant, que d'environ neuf à unze degrez & demy, de l'Horison. Si est-ce que le froid y est plus aigu, plus le Soleil est clair, & estincellant. La raison est, que l'air y est alors plus subtil, & par consequent plus froid. On ne peut durer sur tout, prés de ces montagnes qui n'ont nulle solidité, parce qu'il en sort une vapeur si froide, que l'on est gelé pour peu que l'on y demeure. Et pour se garentir de cette rigueur, il vaut encore mieux se mettre en lieu que le Soleil voye de tous costez. Il y a quantité d'Ours dans cette contrée, mais ils sont tous blancs, & beaucoup plus aquatiques, que terrestres. On en trouve en pleine mer de nageants, & grimpants sur de grandes pieces de glace. Monsieur le grand Maistre en a fait venir de vivans, & les a nourris à Coppenhague. Quand il vouloit donner du divertissement à ses amis, il s'alloit promener sur la mer, & faisoit sauter ces Ours dans quelque endroit sablonneux, assez profond, mais assez clair, pour estre veus au travers de l'eau. Il m'a dit que c'estoit un plaisir singulier de voir joüer ces animaux au fonds de la mer, durant l'espace de deux, ou trois heures; & qu'ils y auroient demeuré des jours entiers, sans incommodité, si on ne les eust retirez par les cordes, & les chaines, où ils estoient attachez. La mer de Spitsberg, porte quantité de Balenes. On en prend de deux cents pieds de long, & de grosseur proportionnée à la longueur. Les mediocres sont de cent trente, & de 160. pieds. Elles n'ont point de dents. Et quand on ouvre ces vastes corps, on n'y trouve qu'environ dix, ou douze poignées de petites aragnées noires, qui naissent de l'air corrompu de cette mer; & quelque peu d'herbe verte, rejettée du fonds de l'eau. Il y a de l'apparence que ces Balenes ne vivent, ny de cette herbe, ny de ces aragnées, mais de l'eau de la mer, qui produit l'herbe, & les aragnées. Cette mer est quelquesfois si couverte de cette sorte d'insectes, qu'elle en est toute noire; & c'est un signe infaillible pour les pécheurs, que la pesche sera bonne; car les Balenes suivent l'eau qui engendre cette peste. On prend alors de si grandes Balenes, & en si grand nombre, que les matelots ne sçauroient emporter toutes les graisses qu'ils ont fait fondre, & sont contraints d'en laisser à terre, qu'ils reviennent charger l'année d'apres. Vous noterez, Monsieur, que rien ne se pourrit, & ne se corrompt, dans cette terre. Les morts qui y sont ensevelis depuis trente ans, sont encore aussi beaux, & aussi entiers, qu'ils estoient lors qu'ils rendoient l'esprit. On y a basty de long-temps quelques huttes, pour cuire les graisses de Balenes; mais elles sont tousjours de mesme qu'elles estoient, du commencement qu'elles furent basties; & le bois de quoy elles sont faites, est aussi sain, qu'il estoit le jour mesme qu'il fut coupé de l'arbre. A dire le vray de ces païs Septentrionaux, les morts s'y portent bien, mais les vivans y deviennent malades. Tesmoin le pauvre Leonin, qui revint de ce voyage perclus de froid, & en mourut quelque temps apres. Les Oiseaux que cette contrée produit, sont tous oiseaux de mer, & il n'y en a pas un qui vive sur la terre. Il y a quantité de canards, & beaucoup d'autres especes de volatiles, qui nous sont inconnuës. Monsieur le grand Maistre de Danemarc, n'ayant peu avoir de ces oiseaux vivans, en a fait apporter de morts à Coppenhague. Ils ressemblent du bec, & des plumes, à des perroquets; & des pieds à des canards. Ceux qui prennent de ces oiseaux, asseurent qu'ils ont un chant tres-doux, & tres agreable; & que quand ils chantent tous ensemble, il se forme de leur ramage un concert melodieux dessus la mer.

Les matelots qui vont en Spitsberg, pour la pesche des Balenes, y arrivent au mois de Juillet, & en partent vers la my-Aoust. Ils n'y sçauroient entrer à cause des glaces, s'ils y arrivoient devant le mois de Juillet, & n'en pourroient sortir par la mesme raison, s'ils en partoient plus tard, que la my-Aoust. On trouve dans cette mer des monceaux prodigieux de glaces, espaisses de soixante, 70. & quatre-vingts brasses;

> *Quæ tantum vertice ad aurars Aërias,*
> *Quantum radice ad Tartara tendunt;*

car il y a des lieux dans cette mer, où elle est glacée depuis le fonds jusques au haut; & il s'amasse dessus ce haut, des monceaux de glace, aussi eslevez par dessus la mer, que la mer est profonde au dessous. Ces glaces sont claires, & luisantes, comme du verre. Ce qui rend la navigation de cette mer perilleuse est, qu'il y a des courants bigearres en des endroits, où les glaces se fondent en un moment, & se prennent en mesme temps.

Ne trouvons pas estrange apres cela, si nous ne pouvons determiner rien de certain sur nostre premiere doute, ny resoudre asseurément, que le Groenland soit, ou ne soit pas, continent avec l'Asie, & la Tartarie. La distance qu'il y a de nos mers, à ces mers glacées; l'incertitude de les rencontrer fonduës; les grands orages qui se forment dessus ces eaux; l'inexperience des routes; les deserts que l'on y trouve; & ce qui est de plus incommode, qu'il n'y a nul secours, & nulle retraitte, dans ces deserts. Toutes ces difficultez accumulées ensemble, s'opposent aux desseins des curieux, & leur ostent les moyens de descouvrir les veritez qu'ils recherchent. Les mesmes difficultez, & par consequent les mesmes incertitudes, se rencontrent pour la seconde doute, aussi bien que pour la premiere; & nous ne sçaurions non plus resoudre, que le Groenland soit, ou ne soit pas, continent avec l'Amerique. C'est ce que je pretends vous faire voir en ce lieu, par la Relation que je vous ay promise du Capitaine Danois, *Jean Munck*, qui tenta, comme je vous ay dit, un passage dans le Levant, du costé du Nordouest, entre l'Amerique, & le Groenland. Je ne m'escarteray pas de mon sujet, en vous escrivant cette Relation; car avec ce qu'elle est divertissante, elle regarde le Groenland, & les Isles qui luy sont adjacentes.

Le Roy de Danemarc, à present regnant, commanda au Capitaine Munck, d'aller chercher un passage pour les Indes Orientales, par un destroit, & une mer, qui separent l'Amerique, du Groenland. Un Capitaine Anglois, nommé *Hotzon*, avoit descouvert ce destroit, & cette mer, quelque temps auparavant, pour le mesme dessein; mais il s'estoit perdu dans cette navigation, & l'on n'a jamais sçeu comment. Il est certain que s'il eut l'audace d'Icare à voler par une route inconnuë, ses plumes se gelerent plustost, qu'elles ne se fondirent, dans cette hardie entreprise. Son advanture eut cecy de commun avec celle d'Icare, que ce destroit, & cette mer, porterent depuis le nom, de *Destroit Hotzon*, & de *Mer Hotzonne*. Le Capitaine Munck partit du Sundt pour ce voyage, le 16. de May 1619. avec deux Vaisseaux que le Roy de Danemarc luy avoit donnez. Il y avoit 48. hommes sur le plus grand vaisseau, & 16. sur le plus petit, qui estoit une fregatte. Il arriva le 20. de Juin suivant, au cap, nommé *Faruel*, en langage Danois, comme qui diroit le cap *Vale*, en latin; & le cap *d'Adieu*, ou de *Bon voyage*, en François. Ainsi nommé sans doute, parce que ceux qui vont au delà de ce cap, semblent aller dans un autre monde, & prendre un long congé de leurs amis. Ce cap Faruel est, comme je vous ay dit, à 60-½ degrez d'elevation, sur un pays de montagnes, couvertes de neges, & de glaces. Il seroit mal-aisé de representer sa figure, à cause de ces neges, & de ces glaces, qui varient; & de leur blancheur, qui esbloüit les yeux. Le Capitaine Munck estant à ce cap, prit la route de l'Ouest au Nord, pour entrer dans le destroit Hotzon, & trouva quantité de glaces, qu'il evita, parce qu'il estoit en pleine mer: Il conseille ceux qui feront ce voyage, de ne s'engager pas trop en cét endroit, devers l'Ouest, à cause des glaces, & des courants, qui sont impetueux aux costes de l'Amerique. Il raconte que la nuit du huitiéme Juillet, estant sur cette mer, il fit un broüillard si espais, & un si grand froid, que les cordages de son navire furent couverts de longs glaçons, si serrez, & si durs, qu'ils ne s'en pouvoient servir pour leurs maneuvres. Il dit en suite, que le lendemain sur les trois heures apres midy, jusques au Soleil couchant, il se leva un chaud si ardent, qu'ils furent contraints de se mettre en chemise, pour ne pouvoir durer dans leurs habits.

Il entra dans le destroit Hotzon, qu'il nomma *Destroit Christian*, du nom du Roy de Danemarc son maistre. Et aborda le dix-septiéme du mesme mois à une Isle, qui est sur la coste du Groenland. Ceux qu'il envoya pour reconnoistre cette Isle, luy rapporterent qu'ils avoient veu des traces d'hommes, mais qu'ils n'avoient point trouvé d'hommes. Ils rencontrerent le lendemain matin, une troupe de Sauvages, qui furent surpris de l'abord des Danois; & coururent en desordre cacher les armes qu'ils portoient, derriere un monceau de pierres, assez proche du lieu où ils estoient. Ils s'avancerent apres cela, & rendirent gracieusement le salut, que les Danois leur avoient donné; observants neantmoins soigneusement, de se tenir tousjours entre les Danois, & l'endroit où estoient les armes qu'ils avoient cachées. Mais les Danois firent si bien en les tournant, & les amusant, qu'ils gagnerent la mont-joye, où ils trouverent un monceau d'arcs, de carquois, & de fleches. Les Sauvages desolez pour la perte qu'ils avoient faite, conjurerent les Danois, avec des gestes de priere, & de sousmission, de leur vouloir rendre ce qu'ils leur avoient pris. Ils faisoient entendre par ces gestes, qu'ils ne vivoient que de la chasse, que ces armes les faisoient vivre, & qu'ils donneroient leurs habits pour les ravoir. Les Danois esmeus de compassion, les leur rendirent, & les Sauvages se jetterent à leurs genoux, pour les remercier de tant de grace. La courtoisie des Danois envers les Sauvages, ne s'arresta pas là. Ils desplierent leurs marchandises, & leur firent present de leurs bagatelles, que les Sauvages admirerent, & receurent avecque joye; & en eschange, donnerent aux Danois, beaucoup de sorte d'oyseaux, & des lards de divers poissons. Un d'eux ayant jetté les yeux sur un Miroir, & s'y estant miré, fut si esmerveillé de se voir, qu'il print le miroir, le mit dedans son sein, & s'enfuit. Mais les Danois n'en firent que rire; & ne rirent pas moins, de ce que tous les autres Sauvages coururent embrasser un de leurs camarades, & luy firent mille caresses, comme s'ils l'avoient connu de long-temps; parce qu'il avoit les cheveux noirs, qu'il estoit camus, & basané, & en un mot, qu'il leur ressembloit. Le Capitaine Munck partit de cette Isle, le jour d'apres, qui estoit le dix-neufiéme de Juillet; & ayant fait voile pour continuer sa route, fut contraint de relascher à cause des glaces, & de se retirer dans le mesme port; ou, quelque soin qu'il pût apporter, il ne revid aucun Insulaire. Les Danois trouvoient des filets estendus le long de la rive, & y attachoient des cousteaux, des miroirs, & autres gentillesses sauvages, pour les convier de revenir; mais pas-un ne revint; soit qu'ils eussent peur des Danois, ou qu'il leur fust expressément defendu par quelque espece de Juge, ou de Gouverneur, d'avoir plus de commerce avec eux. Le Capitaine Munck ne pouvant trouver d'hommes, trouva, & prit, grand nombre de Renes dedans cette Isle; qu'il appella *Reinsundt*, c'est à dire golfe des Renes; & nomma le port où il aborda, de son nom *Munckenes*. Cette Isle est à 61. degré & 20. minuttes d'eslevation. Il y arbora le nom, & les armes du Roy de Danemarc son maistre; & en partit le vingt-deuxiéme de Juillet. Mais il courut tant de risque, par les orages vehemens qui se leverent, & le choc des glaces qui le heurterent, qu'à peine se peut-il sauver, le vingt-huitiéme du mesme mois, entre deux Isles, où il jetta toutes ses ancres, & amarra ses vaisseaux à terre, tant l'orage estoit impetueux dans le port mesme. Le retour de la marée laissoit les Danois à sec sur les vases, & le reflus qui venoit avec rapidité, leur rapportoit tant de glaces, qu'ils estoient en aussi grand danger de perir là, qu'en pleine mer; s'ils n'y eussent pourveu avec grand soin, & grande peine. Il y avoit entre ces Isles une grande piece de glace, espaisse de vingt-deux brasses, qui se destacha des terres, & se fendit en deux; ces deux pieces tomberent des deux costez au fonds de la mer; & esmeurent une si grande tempeste en tombant, que peu s'en fallut qu'une de leurs chalouppes ne fut engloutië des vagues. Ils ne virent point d'hommes dedans ces deux Isles, mais des traces, & des marques evidentes, qu'il y en avoit, ou qu'il y en avoit eu. Ils y trouverent des mineraux, & entre autres, quantité de Talc, qu'ils ramasserent, & en remplirent quelques tonneaux. Il y avoit d'autres Isles aupres de ces deux, qui estoient apparemment habitées; mais que les Danois ne peurent aborder, parce que leurs advenuës estoient inaccessibles, & si sauvages, qu'ils n'en avoient jamais veu de pareilles. Ces Isles sont à 62. degrez & 20. minuttes, & à cinquante lieuës avant dans le destroit Christian. Le Capitaine Munck appella le golfe, ou le destroit, où il aborda, *Haresunt*, c'est à dire, golfe, ou destroit, des lievres; à cause des lievres qu'il trouva en grande quantité dedans cette Isle; & y arbora le *Christianus quartus* du Roy de Danemarc, qu'ils ont accoustumé de representer de cette sorte ④. Il partit de ces Isles, le neufiéme d'Aoust, & fit voile vers l'Ouest-Sudouest, avec un vent de Nordouest; & le dixiéme aborda la coste du Sud du destroit Christian, qui est la coste de l'Amerique. Estant sorty de là, il trouva une grande Isle, du costé du Nordouest, qu'il appella *Sneoeuland*, c'est à dire, l'Isle des neges, parce qu'elle estoit couverte de neges. Le vingtiéme d'Aoust, il print son cours de l'Ouest au Nord; *Et alors*, dit le Relateur, *je tenois ma vraye route, sous l'eslevation de soixante-deux degrez, & vingt minuttes*. Mais les broüillards estoient si grands, qu'ils ne voyoient point de terre; *Quoy que*, dit-il, *la largeur du destroit Christian, ne fust en cét endroit, que de seize lieuës*. Ce qui nous fait croire qu'il est plus large en d'autres endroits. Il entra du destroit, dedans la mer Hotzone, à laquelle il changea de nom, comme il l'avoit changé au destroit; & luy en donna deux pour un. Il appella *Mare novum*, la partie de cette mer qui regarde l'Amerique, & *Mare Christianum*, celle qui regarde le Groenland, si tant est que cette coste se doive appeller Groenland. Il tint tant qu'il pût la route de l'Ouest-Nordouest, jusques à ce qu'il eut atteint soixante-trois degrez, & vingt minuttes, d'eslevation; où les glaces l'arresterent, & l'obligerent d'hyverner à la coste de Groenland, à un Port qu'il nomma, *Munckenes Vinterhaven*, c'est à dire, le port d'Hyver de Munck; & appella toute la contrée, *Nouveau Danemarc*. Il ne remarque point dans sa Relation, quantité de lieux, par lesquels il passa en arrivant à ce port, parce qu'il dit en avoir fait une carte, à laquelle il renvoye le Lecteur. Il ne fait mention que de deux Isles de la mer Christiane, qu'il nomme *les Isles Sœurs*; & d'une autre plus considerable, qui est vers la mer nouvelle, qu'il appelle *Dixes oeuland*. Il donne advis à ceux qui navigeront dans le destroit Christian, de tenir le plus qu'ils pourront le milieu du destroit, à cause des courants rapides, & contraires, qui se trouvent à l'une, & l'autre, de ces costes, par les reflus opposez des deux mers, Oceane, & Christiane; dont les glaces extraordinairement espaisses, s'entreheurtent avec telle roideur, que les vaisseaux qui se trouvent entre deux, y sont brisez irremissiblement. Il dit que le reflus de la mer Christiane est reglé, de cinq, en cinq heures; & que ses marées suivent le cours de la Lune.

Le Capitaine Munck arriva le septiéme de Septembre, à *Munckenes Vinterhaven*; où il se refit, luy, & ses gens. Il retira quelques jours apres ses vaisseaux, & les mit à couvert du choc des glaces, dedans un port proche du premier, où il les repara le mieux qu'il pût. Ses compagnons pourveurent sur toutes choses, à se bien hutter, pour se garentir du mauvais temps, & de l'Hyver qui les avoit surpris. Ce port faisoit l'emboucheure d'une Riviere, qui n'estoit pas encore glacée au mois d'Octobre, quoy que la mer fust prise en beaucoup d'endroits. Le Capitaine Munck rapporte, que le 7. de ce mois, il monta sur une chaloupe pour reconnoistre cette riviere, & qu'il ne pût voguer dedans, qu'environ une lieuë & demie, en haut, à cause des cailloux qui la bouchoient. N'ayant peu trouver de passage par la riviere, il prit un party de ses soldats, & matelots, & marcha trois, ou quatre lieuës en avant dedans la terre, pour chercher des hommes; mais il ne rencontra qui que se fut. Revenant par un autre chemin, il trouva une pierre eslevée, & assez large, sur laquelle estoit peinte une Image, qui representoit le Diable, avec ses griffes, & ses cornes. Il y avoit aupres de cette pierre, une place quarée, de huit pieds en tout sens, close de pierres plus petites. Il remarqua à l'un des costez de ce quarré, une Montjoye de petits cailloux plats, & de la mousse d'arbre, mélée parmy. Il y avoit de l'autre costé du quarré, une pierre plate, mise en forme d'Autel, sur deux autres pierres; & sur cét autel, trois petits charbons, croisez l'un sur l'autre. Mais quoy que le Capitaine Munck ne vid personne sur son chemin, si est-ce qu'il rencontroit en beaucoup d'endroits de semblables Autels, avec des charbons posez dessus, comme les precedents; & que par tout où il rencontroit de ces autels, il trouvoit des traces d'hommes; d'où il conjecturoit, que les habitans de cette contrée s'assembloient à ces autels, pour sacrifier; & qu'ils sacrifioient au Feu, ou avec du feu. Il voyoit de plus, que par tout où il y avoit de ces traces d'hommes, il y avoit des os rongez, & conjecturoit de là aussi, que c'estoient, peut-estre, les restes des bestes sacrifiées, que les Sauvages avoient mangées, à leur façon, c'est à dire, cruës & déchirées, comme les chiens les deschirent, avec les pattes, & les dents. Il remarquoit en passant au travers des bois, quantité d'arbres coupez, avec des instruments de fer, & d'acier. Il trouvoit outre cela, des chiens bridez, ou emmuzelez, avec des liens de bois. Et ce qui le confirmoit plus que tout, dans la croyance que ce pays avoit ses habitans, estoit, qu'il voyoit des marques des Tentes qui avoient esté dressées en divers endroits, & trouvoit aux mesmes lieux, des pieces de peaux d'Ours, de Loups, de cerfs, de chevres, de chiens, & de veaux marins, qui avoient servy de couverture à ces Tentes. L'apparence estant manifeste, que ces peuples vivoient comme les Scythes, & campoient à la façon des Lappes.

Les Danois huttez, & establis, dans leur quartier d'Hyver, firent grande provision de bois, pour se chauffer, & de venaison, pour se nourrir. Le Capitaine Munck tua le premier de sa main, un Ours blanc, que luy & ses compagnons mangerent, & dit expres, qu'ils s'en trouverent bien. Ils tuërent quantité de lievres, de perdrix, & d'autres oyseaux, qu'il ne nomme pas, mais qu'il dit estre fort communs en Norvegue. Il dit aussi qu'ils prindrent quatre Renards noirs, & quelques Sables, qui est le nom que l'on donne par tout le Nord, aux Martres sobelines.

Ce qui donna à penser aux Danois fut, qu'ils virent au Ciel de ce pays-là, des choses qui ne se voyoient pas si communément au Ciel de Danemarc. La Relation dit, que le vingt-septiéme de Novembre, il parut trois Soleils distinctement formez dedans le ciel, & remarque en mesme temps, que l'air de cette contrée est fort grossier. Il en parut deux, non moins distints, le 24. de Janvier suivant; & le 10. de Decembre entre-deux, qui est le 20. selon nostre style, sur les huit heures du soir, il se fit une Eclypse de Lune. Et la mesme nuit, la Lune fut environnée, deux heures durant, d'un Cercle fort clair, dans lequel parut une Croix, qui coupoit la Lune en quatre. Ce Meteore sembla estre l'annonciateur des maux que ces Danois devoient souffrir, & de leur perte presque totale, comme vous allez entendre.

L'Hyver devint si rude, & si aspre, qu'il se trouvoit des glaces espaisses de 300. & de 360. pieds. Les bieres, & les vins, jusques aux vins d'Espagne les plus purs, & à l'eau de vie la plus forte, se gelerent du haut au fonds de leurs vaisseaux. Le froid qui rompoit les cerceaux, & faisoit crever les tonnes, laissoit les bieres, & les vins, en consistence de glace si dure, qu'il les falloit couper avec des haches, pour les faire fondre, & les boire. Les vaisseaux d'estain, & de cuivre, où par mesgarde on avoit le soir oublié de l'eau, se trouvoient le lendemain rompus, & cassez, à l'endroit où l'eau s'estoit glacée. Cette aspre saison, qui n'espargnoit pas les metaux, n'espargnoit pas les hommes. Les pauvres Danois tomberent malades, & la maladie augmenta parmy eux, avec le froid. Un flus de ventre les prenoit, & ne les quittoit point, qu'il ne les eût emportez. Ils mouroient les uns apres les autres, & si dru, qu'à l'entrée du mois de Mars, leur Capitaine fut contraint de faire la garde de sa hutte. Cette maladie s'aigrit, au lieu de s'adoucir, à la venuë du Printemps. Elle esbransla les dents des malades, & ulcera le dedans de leurs bouches: si bien qu'ils ne pouvoient manger que du pain, trempé dans de l'eau fonduë. Elle attaqua les derniers mourans, vers le mois de May, avec tant de malignité, qu'à tous ces maux, il s'adjoustoit un flus de sang, & des douleurs si grandes aux parties nerveuses, qu'il sembloit que l'on les piquast par tout, de pointes de couteaux. Ils dessechoient à veuë d'œil, devenoient perclus, de bras, & de jambes; livides, & noirs, par tout le corps, comme si on les eût roüez de coups. La description de cette maladie est proprement ce que l'on appelle le *Scorbut*, connu, & frequent, dans toutes les mers du Septentrion. Ceux qui mouroient ne pouvoient estre ensevelis, parce qu'il ne se trouvoit personne qui eust la force de les porter en terre. Le pain faillit aux malades qui estoient restez. Ils furent contraints de foüiller dedans la nege, où ils trouverent une espece de Franboises, qui les soustenoient, & les nourrissoient, en quelque façon. Ils les mangeoient en mesme temps qu'ils les cueilloient, & n'en pouvoient faire provision, parce qu'elles se conservoient fraiches sous la nege, & se flestrissoient, pour peu qu'elles fussent dehors. La Relation marque le douziéme d'Avril, comme un jour considerable, en ce qu'il plut, & qu'il y avoit sept mois qu'il n'avoit plu en ces quartiers. Le Printemps ramena mille sortes d'Oiseaux, qui n'avoient point paru durant l'Hyver; & ces malades mourans n'en pouvoient prendre, à cause de leur debilité. Ils virent, environ

la my-May, des oyes sauvages, des cignes, des canards, & un nombre infiny de petits oyseaux huppez; des hirondelles, des perdrix, &
des beccasses; des corbeaux, des faucons, & des aigles. Le Capitaine
Munck tomba malade à la fin, comme les autres, le quatriéme de
Juin; & demeura dedans sa hutte accablé de douleurs, quatre jours
entiers, sans sortir, & sans manger. Il se resolut à la mort, & fit son
Testament, par lequel il prioit les Passans de le vouloir ensevelir, &
de faire tenir le Journal qu'il avoit fait de son voyage, au Roy de
Danemarc son maistre. Les quatre jours passez, il se sentit un peu
de force, & sortit de sa hutte, pour voir ses compagnons, morts, ou
vivans. Il n'en trouva que deux de vivans, de 64 qu'il avoit menez.
Ces deux pauvres Matelots, ravis de joye de voir leur Capitaine
debout, allerent à luy, & le menerent devant leur feu, où il revint un
peu à soy. Ils s'encouragerent l'un l'autre, & se resolurent de vivre;
mais ils ne sçavoient de quoy. Ils s'aviserent de gratter la nege, & de
manger l'herbe qu'ils trouverent dessous. Ils rencontrerent heureu-
sement de certaines Racines, qui les nourrirent, & les conforterent
de telle sorte, qu'ils furent refaits en peu de jours. La glace commença de se rompre en ce temps-là, qui estoit le dix-huitiéme de
Juin, & ils pescherent des plyes, des truittes, & des saulmons. Leur
pesche, & leur chasse, acheverent de les fortifier, & le cœur qu'ils
reprirent, les fit resoudre de tenter s'ils pourroient, en l'estat où ils
estoient, repasser par tant de mers, & de perils, pour arriver en
Danemarc. Il commença environ ce temps-là de faire un peu de
chaud, & de pluye; d'où il sortit une telle quantité de Moucherons,
qu'ils ne sçavoient où se mettre, pour se garentir de leur importunité. Ils laisserent leur grand Navire, & s'embarquerent dans leur
Fregate, le seiziéme de Juillet. Ils firent voile de ce port, où je vous
ay dit qu'ils avoient mis leurs Vaisseaux à couvert des glaces; que le
Capitaine Munck appella de son nom, *Jens Munckes bay*, c'est à dire,
la baye, ou le port de Jean Munck. Il trouva la mer Christiane couverte de glaçons flotants, où il perdit sa chaloupe, & eut bien de la
peine à desgager son vaisseau mesme, car le gouvernail se rompit,
& en attendant qu'il fust refait, il attacha son vaisseau à un rocher
de glace, qui suivoit le courant de la mer. Il fut delivré de cette
glace, qui se fondit, & retrouva sa chaloupe, dix jours apres l'avoir
perduë. Mais il ne demeura pas long-temps en cét estat; car la mer
redevint glacée, se fondit bien-tost apres; & varia tout un temps de
cette sorte, à se glacer, & se fondre, d'un jour à l'autre. Il passa à la

fin le destroit Christian, revint au cap Faruel, & rentra dans l'Ocean, où il fut acceuilly, le troisiéme de Septembre, d'une grande Tempeste, dans laquelle il faillit de perir; car luy & ses deux matelots estoient si las, qu'ils furent contraints d'abandonner les maneuvres, & de se rendre à la mercy de l'orage. La vergue de leur voile se rompit, & la voile fut renversée dedans la mer, d'où ils eurent toutes les peines du monde à la r'avoir. La tempeste se relascha pour quelques jours, & leur donna le temps d'arriver le 21. de Septembre, à un port de Norvegue, où ils estoient ancrez avec un seul bout d'ancre qui leur estoit resté; & croyoient estre au dessus de tout. Mais l'orage les alla assaillir ce jour mesme dedans ce port, avec tant de furie, qu'ils ne furent jamais en si grand danger de se perdre. Ils se sauverent par bon-heur, où les autres perissent, & trouverent un couvert entre des rochers; d'où ils gagnerent la terre, se refirent, & quelque jours apres arriverent en Danemarc, dans leur fregate. Le Capitaine Munck rendit compte de son voyage au Roy son maistre, qui le receut, comme l'on reçoit une personne que l'on a creu perduë.

Il sembloit que ce deust estre la fin des mal-heurs de ce Capitaine, mais son avanture est bigearre, & merite d'estre sceuë. Il demeura quelques années en Danemarc; où apres avoir long-temps resvé sur les manquemens qu'il avoit faits dans son voyage, par l'ignorance des lieux, & des choses; & sur la possibilité de trouver le passage qu'il chercheoit, pour le Levant; l'envie le prit de refaire ce mesme voyage. Et ne le pouvant entreprendre seul, il engagea dans ce party, des Gentilshommes de marque, & des Bourgeois qualifiez de Danemarc; qui formerent une Compagnie notable, & equipperent deux Vaisseaux, pour ce long cours, sous la conduite de ce Capitaine. Il avoit pourveu à tous les inconveniens, & à tous les desordres, qui luy estoient survenus au premier voyage; & il estoit comme sur le point de s'embarquer pour le second, lors que le Roy de Danemarc luy demanda le jour de son depart; & de discours à un autre, luy reprocha que l'equipage qu'il luy avoit donné, avoit pery par sa mauvaise conduite; à quoy le Capitaine respondit un peu brusquement; ce qui fascha le Roy, & l'obligea de le pousser du bout de son baston, dans l'estomac. Le Capitaine outré de cét affront, se retira chez luy, & se mit dedans son lict, ou il mourut dix jours apres, de desplaisir, & de faim.

Revenant au sujet, pour lequel principalement je vous ay fait cette longue narration; il resulte de ce que je vous ay escrit, qu'il y a un long, & large destroit, & une vaste mer au bout, entre l'Amerique, & le Groenland; & que ne sçachans pas où aboutit cette mer, nous ne sçaurions juger, si le Groenland est continent avec l'Amerique, ou non. L'apparence est que non, comme je vous ay desja dit, puis que le Capitaine Munck a creu, qu'il y avoit un passage dans cette mer, pour le Levant; & qu'il le persuada à quantité de personnes qualifiées de Danemarc, qui avoient fait Compagnie pour le tenter, & le sçavoir au vray.

Je descouvre en mesme temps le mesconte de celuy qui a fait des Dissertations sur l'origine des peuples de l'Amerique; lesquels il a fait venir de Groenland, & a voulu que les premiers habitans de Groenland soient venus de Norvegue. D'où il a conclu que les premiers habitans de l'Amerique ont esté Norvegues. Et nous l'a pretendu faire accroire, par une certaine affinité qu'il s'est figurée, de quelques mots Americains, qui finissent en *lan*, avec le, *land*, des Alemans, des Lombards, & des Norvegues; & par le rapport des mœurs, qu'il dit estre, entre les Americains, & les Norvegues, qu'il prend pour les Alemans de Tacite. Vous jugerez, Monsieur, par la suite, & le raisonnement, de tout mon discours, que cét Autheur s'est mesconté en toutes façons.

Premierement, en ce que les Norvegues n'ont pas esté les premiers habitans du Groenland, comme il appert par les Relations, & les demonstrations, que je vous en ay faites; Et que M. Vormius, tressçavant dans les antiquitez du Nord; bien loin de rapporter l'origine des peuples de l'Amerique, aux peuples de Groenland; croit que les *Sklegringres*, originaires habitans du *Vestrebug*, de Groenland, estoient venus de l'Amerique.

Secondement, il s'est trompé, en ce qu'il y a peu, ou point d'apparence, que le Groenland soit continent avec l'Amerique; & que le passage de l'un, à l'autre, n'a pas esté si connu, ny mesme si possible, qu'il se l'est imaginé. Il s'est abusé tiercement, en ce que je vous ay fait voir, qu'il n'y a nulle affinité de langage, ny de mœurs, entre le Groenland, & la Norvegue; & que s'il veut que les Norvegues ayent communiqué leur langue, & leurs mœurs, aux Americains, il faut qu'ils ayent passé par ailleurs que par le Groenland, pour aller en Amerique.

J'aurois en cét endroit une belle occasion d'insister sur les autres mescontes du Dissertateur, de luy rendre ses paroles, & de le renvoyer au pays des Visions, & des Songes. Mais puis qu'il dort son dernier sommeil, laissons-le dormir en repos, & finissons ce discours pour nostre commune satisfaction. Je fais conscience d'interrompre le cours de ces Compositions si doctes, & si elegantes, que vous nous donnez tous les jours à pleines mains, par la lecture d'un Escrit qui n'est, ny de la touche, ny du prix de vos excellents Ouvrages; & quelque bonté que vous ayez pour moy, je ne fais nulle doute que vous ne soyez aussi content d'avoir achevé de lire cette Lettre, que je suis ayse d'avoir achevé de l'escrire, & de vous dire

MONSIEUR,

que je suis

Vostre tres-humble,
& tres-affectionné
serviteur
De la Haye
le 18. Juin
1646.

Privilege du Roy.

LOUYS par la grace de Dieu, Roy de France & de Navarre: A nos amez & feaux Conseillers, les Gens tenans nos Cours de Parlement, Maistres des Requestes ordinaires de nostre Hostel, Baillifs, Seneschaux, Prevosts, leurs Lieutenans, & tous autres nos Justiciers & Officiers qu'il appartiendra, Salut. Nostre bien amé Augustin Courbé Libraire à Paris, Nous a fait remonstrer qu'il desireroit imprimer, *la Relation de Groenland*, s'il avoit sur ce nos Lettres necessaires, lesquelles il nous a tres-humblement suppliez de luy accorder. A ces causes, Nous avons permis & permettons à l'Exposant; d'imprimer, vendre & debiter, en tous lieux de nostre obeyssance ledit Livre, en telles marges, en tels caracteres & autant de fois qu'il voudra, durant l'espace de cinq ans, entiers & accomplis, à compter du jour qu'il sera achevé d'imprimer pour la premiere fois: Et faisons tres-expresses defenses à toutes autres personnes, de quelle qualité & condition qu'elles soient de l'imprimer, faire imprimer, vendre ny distribuer en aucun endroit de nostre Royaume, durant ledit temps; sous pretexte d'augmentation, correction & changement de tiltre ou autrement, en quelque sorte & maniere que ce soit, à peine de quinze cens livres d'amendes, payables sans deport, par chacun des contrevenans, & applicables un tiers à Nous, un tiers à l'Hostel-Dieu de Paris, & l'autre à l'Exposant; de confiscation d'exemplaires contrefaits, & de tous despens, dommages & interests: A condition qu'il en sera mis deux exemplaires dudit Livre en nostre Bibliotheque publique, & un en celle de nostre tres-cher & feal le sieur Seguier Chevalier, Chancelier de France, avant que de l'exposer en vente, à peine de nullité des presentes: Du contenu desquelles Nous vous mandons que vous fassiez jouyr pleinement & paisiblement l'Exposant, & ceux qui auront droict d'iceluy, sans qu'il luy soit fait aucun trouble ny empeschement: Voulons aussi qu'en mettant au commencement ou à la fin dudit Livre, un bref Extrait des presentes, elles soient tenuës pour deuëment signifiées, & que foy y soit adjoustée, & aux copies d'icelles, Collationnées par l'un de nos amez & feaux, Conseillers & Secretaires, comme à l'original. Mandons aussi au premier Huissier ou Sergent sur ce requis, de faire pour l'execution des presentes, tous exploits necessaires, sans demander autre permission; CAR tel est nostre plaisir,

nonobstant oppositions ou appellations quelconques, & sans preju-
dice d'icelles: Clameur de Haro, Chartre Normande, & autres Lettres à ce contraires. DONNÉ à Paris le dix-huitiéme jour de Mars,
l'An de grace mil six cens quarante-sept. Et de nostre Regne le
quatriéme. Signé par le Roy en son Conseil, CONRART.

Achevé d'imprimer pour la premiere fois le dernier jour d'Avril
1647.

Les Exemplaires ont esté fournis.

NOTES SUR LA TRANSCRIPTION

L'orthographe et la ponctuation sont conformes à l'original. Ce-
pendant on a résolu les abréviations, et différencié les lettres u/v et
i/j conformément à l'usage moderne.

On a effectué les corrections signalées en errata, ainsi que les corrections suivantes indiquées de façon manuscrite sur l'exemplaire
d'origine:

- Snorro Storlefonius > Storlesonius
  Une annotation précise: Arngr. Jon. spec. Isl. p. 36 [...] Snor-
  ro Storlesonius, i.e. Snorre Storla-son, sive Snorro Storlæ F.
- l'Onix > l'Orix
  Annotation: Relat. d'A. de la Croix, Tom. 3. l. I. ch. 1. p. 288.
  Licorne d'Ethiopie.
- Dithmatche > Dithmarche
- nulle bonté > nulle honte